U0330380

龍鳳尋史

从广州发现世界

武洹宇　刘芮　著

广州龙凤街道文化建设系列

中共广州市海珠区龙凤街道工作委员会　编

中山大學出版社
SUN YAT-SEN UNIVERSITY PRESS
·广州·

图书在版编目（CIP）数据

龙凤寻史：从广州发现世界 / 武洹宇，刘芮著 .— 广州：中山大学出版社，2024. 4

（广州龙凤街道文化建设系列 / 中共广州市海珠区龙凤街道工作委员会编）

ISBN 978-7-306-08064-6

Ⅰ. ①龙…　Ⅱ. ①武… ②刘…　Ⅲ. ①广州—地方史　Ⅳ. ① K296.51

中国国家版本馆 CIP 数据核字（2024）第 063187 号

Longfeng Xunshi：Cong Guangzhou Faxian Shijie

出 版 人：王天琪
策划编辑：杨文泉
责任编辑：杨文泉
封面设计：林绵华
封面题字：陈永正
责任校对：马萌萌　高津君
责任技编：靳晓虹
出版发行：中山大学出版社
电　　话：编辑部 020-84110283，84110776，84113349，84110779，84111996
　　　　　发行部 020-84111998，84111981，84111160
地　　址：广州市新港西路 135 号
邮　　编：510275　　　　　传　真：020-84036565
网　　址：http：//www.zsup.com.cn　E-mail：zdcbs@mail.sysu.edu.cn
印 刷 者：广州市友盛彩印有限公司
规　　格：787 mm × 1092 mm　1/16　15 印张　207 千字
版次印次：2024 年 4 月第 1 版　　2024 年 4 月第 1 次印刷
定　　价：68.00 元

《龙凤寻史：从广州发现世界》编委会

序　一

仰观宇宙之大，发辽阔壮丽之感叹；俯察品类之盛，生细微纷繁之趣味。若某一区域，其人其事、其迹其流，呈现幽微纷繁，映照宏阔气象，则是难得的样本。广州龙凤街道，就是这样的样本。武洹宇博士和刘芮女士合著的《龙凤寻史：从广州发现世界》，从宏大处着眼，在精微处着力，通过对龙凤街道这一样本的精彩探微，呈现广州乃至中国与世界的千年互动，百年变局。

从秦汉时期建城起，珠江边的广州既是区域行政中心，也是水运枢纽、贸易品集散地。既通过支流西江、北江、东江连通岭南各区域，还通过灵渠、梅关古道通达长江流域各地，更通过南洋、西洋，与东南亚、印度、阿拉伯地区长期通商，以致后有“海上丝绸之路”之说。隋朝封南海神，始建南海神庙；唐朝置市舶使，广州号称“天子南库”；宋朝设市舶司，贸易走向鼎盛；清朝中期，广州“一口通商”，成为中国与世界间最主要的货物贸易通道，中国看世界或世界看中国的最主要窗口。广州仿佛是中国与世界贸易的天选区位，还有延续至当代的“出口商品交易会”。

广州主城区在珠江北岸，清朝“一口通商”时期的“十三行”在主城之“西关”。随着贸易发展，船只增多，人口稠密，逐渐“外溢”至一江之隔的“河南”区域。在“十三行”区域正对岸的龙凤街道，千百年前本已形成村落，因河道交通的便利，在上述“外溢”的

过程中，成为富商的居住地，货物的储存中转集散区。货物的集散过程，也是商品的生产、运输、贸易各环节农工商各色人等交往的过程。陶瓷、茶叶、丝绸等外销商品，串联起生产、运输、销售领域的中国人和外商，关联着中国与世界。对龙凤区域的居民，这样的商贸生活，增益了财富，丰富了见识，拓展了视野，使其生存、发展都有了更多机会和空间。例如邓世昌，因这样的家庭背景而学习船政，成为中国最早一批现代海军将领；又如潘达微，因这样区域的熏陶而成为中国现代早期的公益志士；再如张竹君，在这样的观念影响下，成为两粤最早的自办女学发起人，被誉为“中国第一位南丁格尔”……这些人的出现，缘起于世界与中国的互动；这些人的作为，又推动着中国走向世界，走向现代文明。

在始建于隋开皇十四年（公元 594 年）的南海神庙旁，2021 年，广州海事博物馆建成开馆；它们旁边，广州外贸博物馆正在建设（大楼 2023 年已封顶）。这本《龙凤寻史：从广州发现世界》，仿佛一个微型的文字博物馆，展现广州“千年商都”的底蕴，传承广纳百川、通达四海的胸怀。

中山大学马克思主义学院副教授　古南永

2024 年 3 月

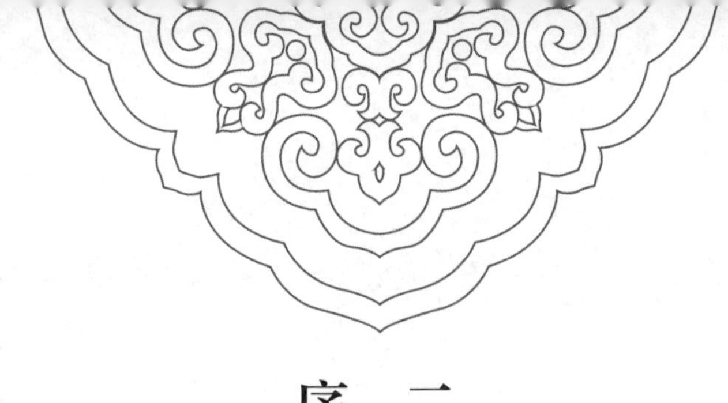

序　二

生命中真正重要的不是你遭遇了什么，而是你记住了哪些事，又是如何铭记的。

——马尔克斯

作为长期开展社区研究的人类学者，看到有一个街道的政府部门愿意出钱出力，来编这样一本有关街道历史与文化的书，意义真的非同寻常，也值得特别的嘉许。它展现出某种要让今日的基层治理嵌入当地曾经的历史脉络之中，形成文化治理新格局的理想。

毫无疑问，这种文化治理比那些刻意的制度创新要更接地气，也更容易得到当地百姓的拥护，因为只有这样的文化治理才有可能真正融入居民真实的生活之中；也只有如此，才有社区共同体出现的可能。今天常谈的很多社会治理工作，虽然炫目，但距离百姓的日常生活还是太远，这就很难让社区真正走向老百姓自己认同的共同体。这本书的出现或许正揭示着社区共同体得以共建、共治和共享的另一种可能途径。

首先我很喜欢这本书标题中的“寻”字，“寻”意味着是寻找、发现和证疑的过程。“寻史”意味着不把历史仅仅看作一种凝固的、如客观真理般的清晰存在，而是同时视作当代与过去的一种互动、求证，

是一种在不确定中建构确定的过程。寻史的目的也不再只是记录过去，而是去理解究竟什么是关于街道的真实记忆，并力图探索这一记忆铭记的方式。这本书虽然不是一本严格意义上的学术著作，但在我看来，却展现出一种新的史观。

在历史学界有着关于典范历史与大众历史之间究竟“何谓真历史”的争论，两位年轻的学者以历史人类学的方法切入龙凤街道研究，似乎超越了这一争论。她们既记录与街道相关的英雄名流，又展现了住在街道里的平民生活；既潜心于史料钩沉，在前人研究的成果上，不断寻觅新的证据，又把自己作为方法，走街串巷，如同考古学家，搜集当地人的口述资料和各种物证，以佐证或推翻史料中的观点。更有意思的是她们的性情倾向，每有新的发现，心动雀跃之情总是绽放于字里行间，如同古典时代的人邂逅心仪温润的美玉。正因为这穿插于书房和田野之间的“寻”，使得时间另一端的大人物与小人物同在，宏大叙事和个体命运共存，研究结果同研究过程并现。更加难能可贵的是，书中还有男性和女性并列，交相辉映。这样一种叙述方式看起来或许有些杂糅，却正如岭南那些“折中主义”的红砖绿瓦一样，无意间似又孕育着一种可能的新的史学范式。它独立于精英史与平民史之间，摇摆于地方志书与个体口述之间，或许是“社区史”的一种全新写法。

阅读这样的“寻史”，读者会不由自主进入记忆建构的过程中。

副书名“从广州发现世界”也颇耐人寻味，我在这本书里，似乎看到一个基于广州河南漱珠涌的社区共同体在一个全球化的过程中如何发生、发展、走向顶峰，然后断裂并走向重生的丰厚过程。全书内容虽着力于龙凤街道的历史文化，但作者显然不限于行政区划的边界，而是从文化共同体的视角，将这一以漱珠涌为基础的共同体的历史发展过程与整个河南、广州乃至中国和整个世界联系起来。作者从珠江入海逐年淤积、多个小岛连接成片的形成开始，一路写到漱珠涌沿岸如何作为清朝对外开放的区域而成为世界通过广州看中国的独特窗口，从福建移民至龙导尾乡的扎根写到洋行买办在这里兴业置地，使之成为当时中国乃至世界顶级富人区的全过程。这些蕴含在故事中的连贯景观，生动呈现了一个社区共同体形成所需的地理生态要素、人文历史事件以及各种政治经济权力的互相构成。一种人类学的整体主义视角贯通全书，让我们得以立体全面地理解一个有着丰富历史文化的社区共同体究竟如何发生发展。这是我喜欢这本书的第二个原因。

我喜欢这本书的第三个原因，是因为它真正写出了龙凤街道的性格与特色。其实每个富含历史底蕴的社区共同体，都注定有其自身的鲜明格调。它往往不可复制、难以言说，又恰是魅力所在。它会让来到这里的人们发出惊叹："哦，这就是龙凤！"这种主调的形成来自共同体曾经共享的高光记忆，让浸润其中的居民为之深深骄傲，这种文化精神的凝聚经常能够超越现实——不论当下如何，人们总能从中获得文化的自尊与希望的力量。

因此，正如绝大多数地方史的惯常做法，《龙凤寻史》也着意展示出本地众多著名的历史人物，如民族英雄邓世昌以及盆景名家周炳鉴等，但与一般地方志所不同的是，作者将这些人都置身于一个个老街旧巷的寻访之中，娓娓道来，仿佛他们只是我们的邻居，让人生出"旧时王谢堂前燕，飞入寻常百姓家"的深邃共鸣，并沿着这样的共鸣，一路迈向龙凤最激动人心的历史时段——晚清。

作为公益慈善领域的研究者，在这里看到近代中国转型的关键时刻，聚光般地迸发出璀璨耀眼的公益能量，以图强求变，我不仅深受感动，而且被极大地迸发了理论联想。从南武中学到海幢寺，从女学堂到赤十字会，从为黄花岗志士收尸到对革命党人的生死营救，这里简直就是中国近代公益的发源地。事实上，我所在的广州公益慈善书院里的很多师生，也经常在武洹宇老师的导引下，来到这里驻足停留，在历史的现场学习近代中国公益慈善事业的转型历程。这里的一砖一瓦、一草一木似无不见证走向共和时代志士仁人，尤其是那些具有中外“双重视阈”的世家子弟的公益理想和家国信念。他们在这里出生成长，在这里彼此连接，也在这里思考行动。在晚清亡国灭种的焦虑之中，这些勇敢的年轻人纷纷走出家族，在漱珠涌沿岸或办学，或结社，或办报以启民智，或行医以救国民，力图通过合群立会的方式，最大限度地实现国家民族的根本利益，推动近代政体转型的历史进程。

他们所经历的痛苦和表现出的勇气，今天读来仍荡气回肠。

我尤其喜欢这两位女性学者笔下所呈现的一系列新女性的故事：有被誉为“妇女界梁启超”的张竹君，有开办中国首个“公益”女学堂的杜清持，还有从公益践履中投身革命的“同盟会徐氏三姐妹”。在一般革命史的叙事里，她们往往只是配角，不少事迹甚至消失湮灭，但在公益慈善的历史视野中，她们却是真正的开创者和奠基人。这些志士仁人所创办的与世界接轨的近代公益慈善事业完全立足本土、扎根龙凤，这也是我心中龙凤街道最显要的历史特色之一。正是在我们脚下的这片土地上，晚清时期的某个时间点上，源于富裕家族的传统慈善文化在风雨飘摇的国家命途中，转化为面向苍生大众的现代公共精神。漱珠涌畔的一系列现代慈善事业转型的关键时刻和关键事件，给我们今天思考如何建设社区慈善，如何实现治理结构的转型，乃至如何走向共同富裕，提供了无限的启示和想象。

武洹宇老师是广州公益慈善书院华人公益慈善档案中心的创始人之一，她和刘芮老师同时也是书院公益慈善文献图书馆的负责人，她们一方面具备历史人类学的专业训练，另一方面又醉心于河南岛的丰富历史，尤其是漱珠涌畔的黄金年代。据我所知，她们常年在这里的大街小巷漫游探索，既试图从中理解历史的宏大叙事，也着迷于普通人家的烟火日常，如侦探般不懈探寻这一带人物背后千丝万缕的各种联系。这个地方已经和她们的生命连在一起，我感到这本书也似乎是她们在生命意义上的写作，大概也没有比她们更合适的作者，龙凤街

道，何其幸运！

诚然，作为街道层面编写的历史叙事，必然还有很多学术性的内容和思辨不能完全呈现，因此我也期待一本更具深度的龙凤学术“社区史”。本书只是龙凤寻史的开端，我相信会有更多的人看见这个伟大的街区，积极参与和投身到她的文化保育和社区营造中去。

文化总是在流动，形形色色的共同体也正是在这流动之中生生灭灭，绵绵不息。

这就是中国。

南开大学社会学院教授、广州公益慈善书院荣誉院长　朱健刚

2024 年 3 月

序　三

在广州海珠区新港西路中山大学“康乐园”外，坐落着前岭南大学教师宿舍，民国小红砖楼——广州公益慈善书院合禾堂。谈及“中国公益”源起、为黄花岗烈士收尸的潘达微、开办西医招收女生、逃婚自立的少女们、19世纪“80后”如何探求救国之路、无私情怀与辛亥革命后国势坎坷……话题向百年前漫溯，恰与小楼气场吻合，恍惚间回到民国，却并非想象中祥和文雅的时光。

公益书院后面有一栋名为“怡乐社区生活艺术馆”的小屋，一面墙贴满了四处搜集来的拆迁社区门牌，刹那间纵横错落的老城街巷浮现：

每一个门牌都见证了昔日风华，蕴含无数家门里的喜怒哀乐、爱恨情仇。据说旅法艺术家试图拽住老城消失的尾巴，让时钟停摆，岁月定格。艺术家用其殊异的方式拽住时光，怀念我们曾有的酸甜苦辣。在公益书院招待我们的陈海宾又聊及晏阳初，平民教育与社区建设……艺术家的浪漫与即兴发挥，此刻和公益慈善活动的踏实与质朴交相辉映。他们在做二百年前、一百年前广州有志青年的事业。风云流散，薪尽火传，一脉相承。

从怡乐路九巷公益书院出发，再访珠江南岸曾经的富人区，是为了寻找百年前的江太史第。20世纪初，江太史第建于广州河南同德里，海幢公园附近，比邻双清楼，有四条街的规模，因主人江孔殷曾栽一百二十余种兰草而得名“百二兰斋”，是清末河南有名的豪宅。我们一行找了又找，几无遗迹。太史大宅荡然无存，只余几段红砂石的残垣断壁，怎不令人唏嘘？

我的访问冲动出于葛亮长篇小说《燕食记》将太史第作为主要场景。作品大致路子：20 世纪 20 年代广府启动，30 年代太史第搭台，大时代隐在身后。《燕食记》的舞台稳稳落在羊城广州，主人公江太史就是地地道道的广府人。他是康南海的弟子，参加过公书上书，支持过孙中山革命，出面与清政府斡旋，帮助潘达微为黄花岗七十二烈士收尸安葬，这些构成他一生的亮点。印象深刻处还在于，江太史的后人江献珠，改革开放后重返广州寻找家园，未见而失落，却不料夜餐北园酒家时抬头见到大宅从前模样，“忽见故园，不禁失声痛哭”。可谓故人明月，何处不在？原来，北园酒家设计依据就是当年的江太史第。

同福路深处，廖仲恺与何香凝居所双清楼附近，偶尔邂逅了十三行谭家船王的老宅。惊喜发现洋房墙与顶居然呈现客家围屋的弧线，大山里故乡的围屋与西洋小楼神奇融汇。更有美感的是后楼墙体的弧度呼应，两道弧线在仰望的天空中优美呈现；高高窗口伸出一只小小风车，仿佛一场百年春梦，似幻影飘浮……

走进二百年前溪峡老街，回望十三行首富伍秉鉴的传奇人生，风华流韵犹存。灯笼老楼尚存一老妇，据说是从西关抬轿嫁入豪门的最后一位民国女子。黄花岗起义中身负重伤的革命党人黄兴曾隐藏于此，后转港治疗。陪同掩护的女子徐宗汉，后来成了黄兴的妻子。巷中洋楼上有一精致阳台，洹宇博士告诉我：同行友人经常戏称此为“罗密欧与朱丽叶的阳台”。或许，起义失败的黄兴，在此萌发爱情。

一排洋楼为广州最早房地产，兄弟合购。一株红萼龙吐珠枝干错落地盛开，见证百年间前人岁月中无数的浪漫与伤痛。正是在这样的情绪氛围中，《龙凤寻史：从广州发现世界》的两位作者——武洹宇、刘芮邀我作序，我也第一次看到了打印的书稿。

翻阅此书，感慨万千。书的篇幅不大，却如一束光，照亮珠江南岸的千年历史。历史学家的严谨、社会学家的热忱、人类学家的苛求、考古学家的求实、慈善家的仁义、理想家的胸怀、实践者的勤勉，使得两位年轻学者的笔下，精彩纷呈，不乏真知灼见。可以说这是一部跨界的地域方志书，同时又是一部形象生动的乡土课本。其中不仅包含了学术品格与气质，而且运用了多个学科的方法。

让我感动的还有作者有温度的文字中显豁溢扬的“本土热爱”——或可溯源到广州公益慈善书院与康乐园中山大学的文脉中去。岂止是草蛇灰线、千里伏脉，更是百年热血青年从未停歇的脚步，让精神脉络一以贯之，清晰可辨，与珠江波涛呼应，义无反顾滚滚向前。

全书至少给我留下三个深刻而良好的印象。

一、以人为中心

将历史舞台——珠江南岸的“人”作为全书的焦点，构成核心话题。因为有了人，才有了这样一个历史舞台。也因为有了对“人”的多维观照，新著才有了坚固的根系，比寻常“地方课本”多了一份深刻隽永。其中，明确指出“生于19世纪70年代至90年代的几代人”，他们的人生尤其卓越不凡，而对中西“双重视阈”的阐释，已然提升到中国近代转型乃至广东崛起人才因素的精辟归纳。

二、时势造英雄

天时地利人和，促成了珠江河南一个中外交流的密集时空。作者逐个分析与十三行的关系，特殊的开放环境，促使珠江河南近河区域众多家族的繁衍，豪门巨族一时云集于此。比如，对漱珠涌特殊位置的时空分析就具体而深入。一批青年学子融入历史变局图强求变，近河世家大族以联姻形成连接沪、津、汉口岸城市乃至海外商埠关系网，一批近代人才从“热闹繁华似秦淮”的风雅之地，走向世界大舞台，并一扫闭关锁国的沉闷，意气风发地迎接世界风潮。

时势磅礴大气，生命鲜活跃动。

三、尤重田野调查

作者具备一种包容的文化情怀，在史料、传说、家谱、口述、庙宇、建筑、街区、实物等材料面前，没有忘记用自己的双脚行走，力求通过面对面实地考察采访，找出历史真相。不附会孤立的史料，也不排斥民间传说。比如对咏春拳的诞生，钩沉史料，条分缕析，力图拨开种种历史迷雾，从中找到最富说服力的一种可能。不同的说法相互印证，分析点到为止，留有余地，不轻下断语。

最后，值得一说的还有作者的写作态度。

在语言表述上从不故作艰深，亦不俯瞰众生，既在历史面前保有谦逊尊崇的态度，传达发自内心的热爱，又谨守学者的立场与态度，力求做到实事求是，绝无矜持浮夸。力求以流畅平和的文字，做到雅俗共赏，全书具有相当的可读性。

书里书外，历史当下，故宅人物与《龙凤寻史：从广州发现世界》新书的互证，双向奔赴。由此我惊讶地发现：在公益书院与新书之间，与同福路双清楼、江太史第、伍家潘家花园之间，与南武中学创办者之间，有着某种属于晚清民国精神的隐约联系，这种联系通向大海、通向世界。

民国小红楼书院今天的气息，似乎也与百年前广州青年息息相通：那是一个彷徨的年代，一个探索的年代，一个热血的年代，一个救亡强国的年代。许多年轻人在中外之间上下求索，寻找他们行动的逻辑，而这种逻辑一旦成型，即转为信念，让他们一直往前冲。他们甚至不惜在最平凡的事情上耗尽一生的心血，只是为了去寻找他们认定的救国之道。而这样的一种气息恰巧在历史与现实、书院与老街、老街与新书之间久久回荡。

我对广州这座城市，有一种宿命般的热爱，其中尤对“河南”一往情深。20 世纪 90 年代末，我从内地辞职，漂泊到深圳，希望在这样一个移民城市度过下半生。来自香港的一位老先生却给我留下了几句

话：你的最后落脚不在深圳，而在“河南”。听到这几句话时，我刚到深圳不久，雄心勃勃，“收拾旧河山”重新开始。我把老先生的话当作“生命绊脚石”，甚至认为他是觊觎我媒体总监的位置，妄图取而代之。但是，无论我如何努力，这座城市还是没有接纳我。

2003 年，我调进广州，重返大学后不久，乘坐公共汽车，从天河区到海珠区。车过广州大桥时，司机大声喊道：落车落车，“河南”到了！电闪雷鸣，瞬间想起老先生的话。询问得知珠江南岸，今日海珠区的大致范围曾被称为“河南”。难道真是我的宿命？我半信半疑，信又不信。因为此种人生奇妙缘分，我对武洹宇、刘芮两位老师的新著青睐有加。如今安居海珠、扎根“河南”20 年，更平添一份故土家园的亲切。

读此书也就不免加入内心情愫，感受百年风云变幻：生命虽逝，精神不朽；那是怎样的一个觉醒年代，让人感动，让人热血。

珠江南岸，龙飞凤舞，久久不去，尽显蓬勃。

广州岭南文化研究会会长、广东省文化学会副会长、
广东财经大学教授　江　冰
2024 年 3 月

目　录

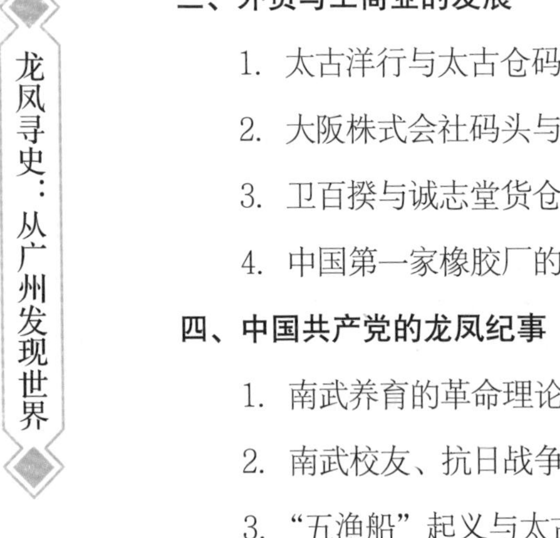

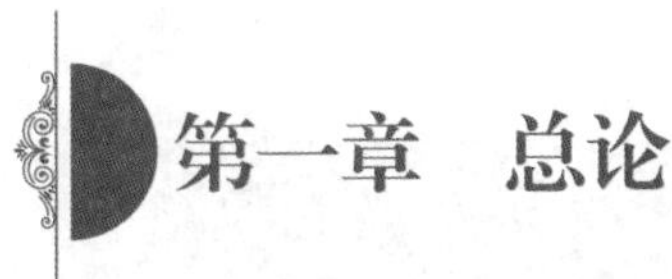

第一章　总论

“广州城南隔河有地名河南，富者多居之。人烟稠密，栉比相错。”① 这是清咸丰七年（1857年），一位寓居广州的云南人对河南漱珠涌一带繁华盛景的真实记录。在世居广州的“老广”们看来，“河南”意指地处珠江之南的广州城郊，大抵相当于今天广州市海珠区的大部分范围。位于海珠区的龙凤街道在历史上即属于“河南”漱珠涌一带，历经繁华，现存古迹众多。那么，究竟应该如何认识“老广”观念中的“河南”呢?

一、认识“河南”

1. 何谓“河南”?

一般来说，“河南”二字很容易让人理解为河流之南，但其实“河南”之名并非源自地理方位，而是与汉代议郎杨孚有关。被誉为“岭南才女”的冼玉清教授（图1-1）早在民国时期的考证中即专门指出:

广州南岸有大洲，周围五六十里，江水四环，名曰河南。人以为

① 陈徽言:《南越游记》，载《岭南丛书：粤东闻见录、南越游记》，广东高等教育出版社1990年版，第151页。

在珠江之南故曰河南，非也。汉代建都于河南，孚举贤良对策上第，至京师拜议郎。其家在珠江南岸之下渡头村。当其归也，尝移洛阳五鬣松种宅前。岭南本无雪，至是雪乃降于孚所种松上，人皆异之。因其所居曰河南。河南之得名自孚始。（图 1–2）①

图 1–1　冼玉清教授②

图 1–2　今海珠区下渡路杨孚故里③

2. 汉唐早期遗迹

杨孚，字孝元，东汉南海郡番禺人，曾著《南裔异物志》，是最早著书的粤人，可见河南早在汉代或已有士人居住。实际上从现有的考古发现来看，新石器时代河南区域已经有人类遗存④，早期多为墓葬⑤，因此很

---

① 冼玉清：《杨孚与杨子宅》，载《冼玉清论著汇编》（上），广西师范大学出版社 2016 年版，第 169 页。

② 中山大学档案馆藏。

③ 友人黄沛晴于 2022 年 9 月 2 日拍摄。

④ 1954—1955 年，中山大学师生在马岗顶采集到石斧、石镞等遗物，推断其年代为距今四五千年的新石器时代。这是广州市辖区内第一次发现先秦时期的文化遗存。广州市文物考古研究所编：《广州考古六十年》，广东人民出版社 2013 年版，第 9 页。

⑤ 广州市文物考古研究所编：《广州考古六十年》，广东人民出版社 2013 年版，第 50、69、72、225 页。

可能一直是“先民的埋葬场所”，至汉唐时期开始“演变为生活场所”。①

唐覆灭后，中国历史进入错综复杂的大分裂时期——五代十国②。其中，刘氏建立的南汉（917—971年）政权范围包括今广东、广西、海南三省份，存在时长55年，历四主，定都广州③，成为岭南历史上继南越国后建立的第二个地方政权，因此也在包括龙凤区域在内的河南留下不少痕迹，比如江燕路268号地块就曾于2016年发掘出南汉墓葬④，有关海幢寺建寺的重要实物《鼎建海幢寺碑记》亦记载该地在南汉时期即建有寺庙名为千秋寺。⑤此外，还有粮仓“刘王廪”“上马岗”“龙尾道”“郊坛顶”等基于民间传说的相关地名。

3. “未有河南，先有沥滘”

公元960年，赵匡胤推翻后周，建立北宋。自宋代起，河南始有村落出现。⑥其中，位于今海珠区正南端、珠江后航道上的古东衢一带⑦，

---

① 朱海仁：《中山大学博物馆工地的汉唐遗存》，载《文博学刊》2022年第1期。此外，“1997年发掘的海幢寺窑址是第一次发掘的汉代窑厂。窑址位于珠江南岸同福路北侧海幢寺，仅发现以陶瓮罐排列堆砌的遗迹。出土遗物极为丰富，几乎包括了能在汉墓中所见到的生活器具，另有模型器、陶塑和建筑材料等。遗物与广州汉墓出土的造型、纹饰、烧制工艺都十分相似，该窑厂烧造时期大概是从西汉后期到东汉后期”。广州市文物考古研究所编：《广州考古六十年》，广东人民出版社2013年版，第50页。

② 具体为：中原地区依次建立的后梁、后唐、后晋、后汉、后周（907—960年）五个政权以及中原之外的前蜀、后蜀、南吴（杨吴）、南唐、吴越、闽国、南楚（马楚）、南汉、南平（荆南）、北汉十个割据政权（902—979年）。

③ 梁廷楠著、林梓宗校点：《南汉书》，广东人民出版社1981年版，第2、7、14、16、22、27页。

④ 易西兵：《广州市江燕路五代南汉乾亨九年墓》，载《考古》2018年第5期。

⑤ 广州中山大学中国古文献研究所编：《鼎建海幢寺碑记》，载《悲智传响：海云寺与别传寺历史文化研讨会论文集》，中国海关出版社2007年版，第475页。

⑥ 广州市地方志编纂委员会编：《广州市志》卷二，广州出版社1998年版，第471页。

⑦ 乾隆《番禺县志》云：“沥滘堡江，即古东衢，与州前江相接，去城十余里。《宋书·孙处传》由海道袭卢循于番禺，至东衢即此。俗字衢作涌。”参见［清］任果、常德修，檀萃、凌鱼纂《番禺县志》卷四；故宫博物院编《广东府州县志》第3册，海南出版社2001年版，第45页。

有卫氏一族迁来肇基开村，后称“沥滘村”。① 沥滘村的地理位置得天独厚，占据河南岛内河涌网络与南面主航道的枢纽地段。因此，人们称连接丫髻至小谷围西南端的水道为“沥滘水道”（图 1-3），甚至常用这个名字指称珠江下游至虎门的整段河道，足可见沥滘村的中枢地位。水系的密集交汇也使得该地人口在开村以后迅速增长，成为古代“河南诸多乡村中一个规模较大、人口较多、形成较早的中心村”②，以至出现“未有河南，先有沥滘”的民间俗语，并在广州代代相传。

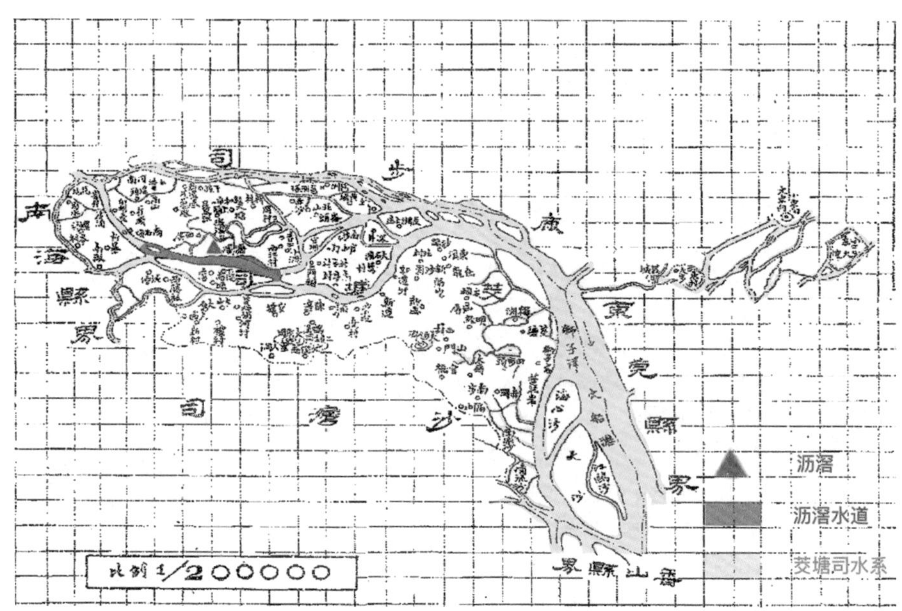

图 1-3　番禺茭塘司通海水系中的沥滘水道③

---

① “余鼻祖由宋南渡即卜居此土，其来远矣。乡中衢迎水而岿然峙者，则为敕封护国庇民英烈天后庙水神也。自斯乡即有斯庙，庙之由来与乡俱永，亦与水之俱长生于斯乡。”卫廷璞：《重修南庙碑记》，该碑现嵌于沥滘村大市街原大庙（今社区医院）内墙壁。

② 杨宏烈：《祖荫·根脉·乡愁：广府民居肇昌堂文化遗产的守卫与传承》，中国建筑工业出版社 2018 年版，第 2 页。

③ 底图来自宣统三年《番禺县志》，颜色部分为课题组标注。

元末又有罗氏一族落籍于此，并于明洪武年间发展为地方大族，其中尤以罗广成、罗宗闰父子最为显赫。正统十四年（1449 年），黄萧养叛乱，整个珠三角社会受到巨大冲击。叛乱平定后，社会秩序面临重建，地方的文士精英于是“推行宋儒所主张的宗族祭祀礼仪，以建构宗族的方式来整合地方社会，表达出地方社会对王朝国家的认同”①。其中，沥滘村的罗、卫两族也不例外。

天顺七年（1463 年），罗宗闰置碑建地，是为大宗祠，又于成化十年（1474 年）在遗言中明确规定了未来罗氏祠堂田产的轮祀规则和祭祀礼仪——“令大宗子孙掌管置簿，首写五房小宗派，记其轮应以祀之口存无紊乱。后写收谷入祠数目，与众知在支用”②。

与此同时，一批取得低级科举功名的卫氏文人也积极行动起来。弘治三年（1490 年），卫通率先完成了一份沥滘卫氏小谱的编撰工作，并邀南京吏部官员作序；正德四年（1509 年），卫刚又编修了一份卫氏族谱，请湛若水作序；③ 正德六年（1511 年），卫氏家族的文士开始与东莞卫氏联宗，合修族谱④，这意味着沥滘卫氏不再局限于五服以内小宗谱法的维系，而是开始转变成为一个更大宗谱整合的宗族。

这一趋势到了嘉靖时期更为明显。首先是嘉靖十二年（1533 年），罗氏宗祠开始祭祀始祖；⑤ 紧接着嘉靖二十六年（1547 年），沥滘卫氏再度与东莞卫氏联宗修谱；而后嘉靖四十二年（1563 年），沥滘卫氏隔桥“永思堂”建成；至嘉靖四十五年（1566 年），历时三十余载的首座

① 石坚平：《社会记忆与文化建构——以广州府番禺县沥滘村“御赐屏风”故事为例》，载《历史人类学学刊》2010 年第 8 卷第 2 期，第 90 页。

② 石坚平：《建筑荣恩祠碑志考释》，载《田野与文献：华南研究资料中心通讯》2007 年第 47 期，第 31–37 页。

③ 石坚平：《社会记忆与文化建构——以广州府番禺县沥滘村“御赐屏风”故事为例》，载《历史人类学学刊》2010 年第 8 卷第 2 期，第 91 页。

④《沥滘卫氏族谱》卷 1，谱序。

⑤ 石坚平：《建筑荣恩祠碑志考释》，载《田野与文献：华南研究资料中心通讯》2007 年第 47 期，第 31–37 页。

沥滘卫氏大宗祠“敦睦祠”也终于落成。[①] 万历年间，在卫吕仲等士绅的努力下，通过重新发现“宗支图”，沥滘卫氏宗族重构了完整的祖先谱系，借此将敦睦祠、永思祠、明禋祠及其他宗族人群成功地整合到一起，成为地方社会的强宗大族。[②]

4. 两个中心区域的形成

就在沥滘宗族发展成型的明末清初，以瑶头村（又名窑头、瑶溪）为中心的河南腹地也逐渐发展起来，成为河南地方物产与手工产品的集散中心。它之所以晚至明末清初才开始形成，实与河南区域的地理地貌情况直接相关。今天海珠区地势较为平坦的区域主要是近河沿岸一带，其晚至明代前后才冲积形成，因此“河南一地直至明代中叶，都是人烟稀少而处于小农生产的自然经济状态”[③]，发展缓慢。这一点，从嘉庆年间绘制的《广东省水道图》中亦可见一斑（图 1-4）。

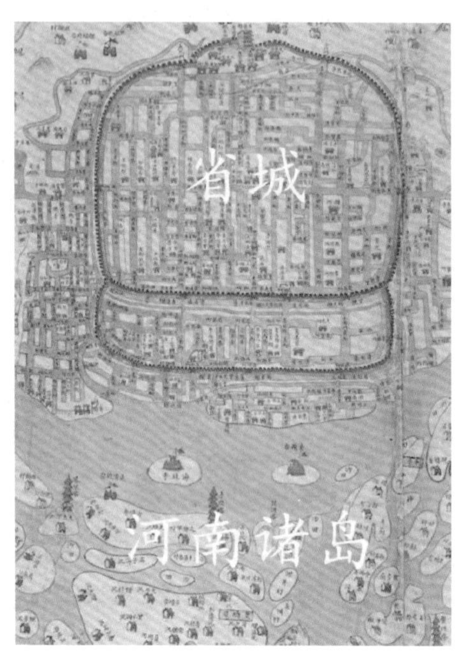

图 1-4 《广东省水道图》局部[④]

① 《沥滘卫氏族谱》卷 1，谱序。

② 《沥滘卫氏族谱》卷 8，“历代行实”“八世宗祐”。石坚平：《社会记忆与文化建构——以广州府番禺县沥滘村“御赐屏风”故事为例》，载《历史人类学学刊》2010 年第 8 卷第 2 期，第 92 页。

③ 俯芗：《论广州市海珠区在清代的全盛发展及其历史地理因素》，载政协广州市海珠区委员会文史资料研究委员会《海珠文史》第 1 辑，1986 年，第 10 页。

④ 《广东省水道图》，美国国会图书馆藏，“省城”与“河南诸岛”字样为笔者标注。

这幅收藏于美国国会图书馆的《广东省水道图》绘制时间不晚于1815年，可见直至清中后期，“河南”还分布着很多沙洲、小岛，后来随着持续不断地淤积，才渐渐连成一片，形成一个整体的“河南岛”。正因如此，河南开始成规模地开发、形成村落的历史也相对晚近。据《番禺河南小志》记载，明万历年间河南有“十三村”，至清初发展至“三十三村”。[①] 黄素娟指出，明末清初之际，河南马涌沿岸已是村户毗连，“形成以瑶头（又名窑头、瑶溪）和小港为中心的乡村群落”[②]，瑶头村也因此被誉为“三十三村之冠”，至清代形成著名的“瑶溪二十四景”[③]，位于瑶头的双洲书院也成为各乡士绅集议会商之所，是整个河南的政治经济中心。与此同时，位于河南西北部靠近珠江的漱珠涌沿岸也自明末开始发展，逐渐成为另一个繁荣的商贸中心。为叙述方便，下文将漱珠涌一带称为“近河中心”，以区别马涌瑶溪一带的“腹地中心”。具体而言，近河中心的发展过程可分为六个时期。

二、近河中心的出现与繁盛

1. 作为运粮河的漱珠涌

明清以来，由于泥沙堆积，珠江流域的湍流渐缓，对河南地区的冲刷减弱，珠江南北岸江面亦日渐收窄。[④] 漱珠涌南接马涌，北连珠江，涌口与十三行商馆隔江相望，且江面相对狭窄，非常便于两岸往返，加之涌口西北侧是鳌洲，古称“游鱼洲”，明代时乃一江中小岛，

---

① 黄任恒编撰，黄佛颐修订，罗国雄、郭彦汪点注：《岭南文库：番禺河南小志》，广东人民出版社2012年版，第4–6页。

② 黄素娟：《乡村基层权力与城市扩张——以民国时期广州河南开发为例》，载《开放时代》2017年第6期，第211页。

③ 罗国雄：《海上明珠补阙录》，广东人民出版社2016年版，第104–105页。

④ 广州海关志编委会：《光绪二十一年广州口华洋贸易情形论略》，载《近代广州口岸经济社会概况——粤海关报告汇集》，暨南大学出版社1995年版，第356页。

尚未与河南并岸，就已是当时珠江南北航道上的一个重要中转站。[①]时至清初，鳌洲成为“食盐的运销中心，大批盐船往来湾泊”[②]。

漱珠涌北连珠江，南临白鹅潭、澳门水道，正是珠江前后航道和南北航道的交汇之处（图 1-5）；往内又经由马涌连接河南岛内复杂的水网系统。这得天独厚的地理优势，使之成为整个清代连接河南以至南面番禺、顺德各乡与省城之间的航运枢纽。乡间的粮食、茶叶、药材和各类农副产品由此运往省城，而省城的日用杂货也经此运至四乡，漱珠涌也因此得名“运粮河”。航运带来了人员和货物的流通，商业、居住的需求应运而生，于是，河南地区最初的城市化亦依托漱珠涌最先发展，行商园林、商肆庙宇、娱乐餐饮均沿涌分布，日渐鼎盛。（图 1-6）据清人陈际清载：

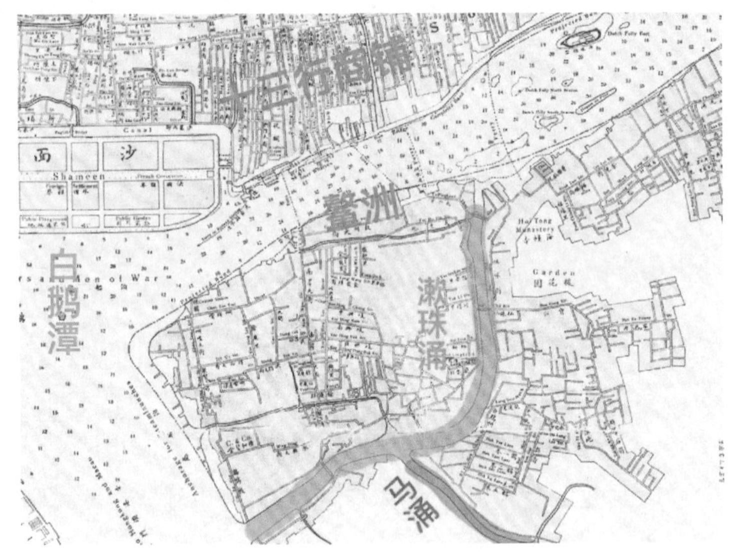

图 1-5　1907 年《广东省城内外全图（河南附）》局部[③]

① 梁国昭：《广州漱珠涌历史文化景观与旅游开发》，载《热带地理》2013 年第 3 期，第 343 页。

② [美] 亨特：《旧中国杂记》，沈正邦译、章文钦校，广东人民出版社 1992 年版，第 22–23 页。

③ 广州市国家档案馆藏，颜色部分为课题组标注。

漱珠桥，在河南，桥畔酒楼临江，红窗四照，花船近泊，珍错杂陈，鲜蕘并进，携酒亦往，无日无之。初夏则三鯬、比目、马鲛、鲟龙；当秋则石榴、米蟹、禾花、海鲤。瓜皮小艇，与两三情好薄醉而回，即秦淮水榭，未为专美矣。①

图 1-6　清代游客画笔下的漱珠涌②

清代中期，“一口通商”使得外国商贾云集广州。在清廷的严格管制之下，仅与十三行一江之隔的河南漱珠涌一带被划为当时仅有的对外开放的旅游区，成为世界认识广州乃至中国的窗口。当时盛景见之于不少旅人游记、画作、摄影作品之中。同时，城中民众亦向往漱珠盛景，文人骚客汇集于此，清中有诗云：

① 《白云粤秀二山合志》，载黄佛颐《岭南文库：广州城坊志》，广东人民出版社 2012 年版，第 702 页。

② W. G. Tilesius Von Tilenan 原作，此为根据原作所作版画，收入 1813 年在俄国出版的《克鲁森斯特恩船长环游世界地图集》，俄罗斯地理学会图书馆藏。

酒旗招展绿杨津，隔岸争来此买春。半夜渡江齐打桨，一船明月一船人。①

花香如雾酒如潮，近水高楼月可招。买醉击鲜来往熟，一篙撑过漱珠涌。②

这些诗句和图景反映了漱珠涌一带商业的繁盛，当中食肆林立，人们饮酒作乐，一派浪漫富足的生活景象。此外，值得特别指出的是，漱珠涌对河南发展的重要影响，更见之于对河南早期城市肌理和形态的塑造。自清代始，作为水道运输的补充，由珠江航道和漱珠涌围成的片区内逐渐形成纵横交错的路网结构，水、桥、街道相连，四通八达。随着交通和商业的成熟，人们的居住需求与日俱增。最初出现的是商行巨富在涌畔兴建的富丽园林，继而高门大屋沿涌拔起，成为潮流。清末，商民住宅需求剧增，于是在潘氏龙溪乡以西的沿海滩地出现了近代中国最早的商品房屋的开发，以相似或统一模式兴建的住宅片区在区域内相继出现，并延伸到漱珠涌以南、以东的区域，形成了日后龙凤街道的肌理和面貌。

2. 佛教寺庵的兴建

位于漱珠涌畔的海幢寺，至今流传“未有海幢寺，先有鹰爪兰”之说。这是因为海幢寺内最珍稀的一株花木，是明代遗留至今的鹰爪兰，原为商人郭龙岳于花园所植，历时近四百年。明末僧人光牟、池月向郭氏劝募，将花园稍加修葺，改建成佛堂③（或也从侧面得见此处明末已有商人定居）。康熙元年（1662 年），曹洞宗高僧释函昰（又

① 梁九图：《十二石山斋丛录》，载黄佛颐《岭南文库：广州城坊志》，广东人民出版社 2012 年版，第 702 页。

② 倪鸿：《广州竹枝词》，载龚伯洪编《广州古今竹枝词精选》，广东人民出版社 2017 年版，第 10 页。

③《鼎建海幢寺碑记》，载广州中山大学中国古文献研究所编《悲智传响：海云寺与别传寺历史文化研讨会论文集》，中国海关出版社 2007 年版，第 475 页。

称“天然和尚”）主持海幢寺，一时“四方云集，上而王公大人，下而贩夫稚子，莫不泥首皈命”[①]。是年前后，一座女众修行的宁隐庵也开始兴建。[②]释函昰乃明代举人出身，是当时岭南三大诗僧之一。以他为首的“海云诗派”，囊括“岭南三大家”在内的众多著名诗人，作品蔚为大观，是清代岭南的重要诗歌流派。此外，以释函昰为中心的僧侣群体，还出了一批颇具影响力的书法大家，史称“海云书派”。[③]历经曹洞宗四代僧人的悉心经营，海幢寺逐步建成“殿、阁、楼、塔、堂、舍一应俱全的丛林”，乾隆时期占地多达 10 万平方公尺（约 11111 平方米），成为盛极一时的羊城名刹（图 1-7）。[④]

清代海幢寺之所以声名远播，不仅仅是因为它文化底蕴深厚、自然风光秀美，而且还与它深度介入清代外事与外交活动，成为中国与世界交往的重要窗口有关。其中，有三次非常著名的外事活动——第一次是在乾隆五十七年（1792 年），英王乔治三世派马嘎尔尼率领使团来华，于广州海幢寺举行“谢恩”仪式，当时使团成员下榻于旁边的伍家花园，并到花地（今芳村）游览，购买本地玫瑰花籽回英栽培，成就了后来的名贵品种“马嘎尔尼玫瑰”；第二次是乾隆五十九年（1794 年），荷兰东印度公司巴达维亚总管派使团来华，祝贺乾隆皇帝登基六十周年，两广总督长麟在海幢寺接见该使团；第三次是嘉庆二十一年（1816 年），英国阿美士德使团在广州与两广总督蒋攸铦会晤。

① 《鼎建海幢寺碑记》，载广州中山大学中国古文献研究所编《悲智传响：海云寺与别传寺历史文化研讨会论文集》，中国海关出版社 2007 年版，第 475 页。

② 广州市地方志编纂委员会编：《广州市志（1991—2000）》第 9 册，广州出版社 2010 年版，第 417 页。

③ 陈滢：《番禺丹青翰墨》，中山大学出版社 2017 年版，第 4 页。

④ 蔡鸿生：《广州海事录：从市舶时代到洋舶时代》，商务印书馆 2018 年版，第 238 页。

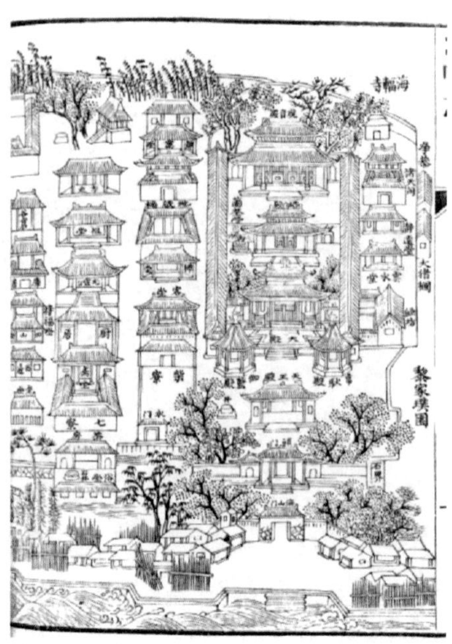

图 1-7　乾隆时期海幢寺布局（1790 年）①

此外，居于十三行商馆区的各国人士，也在乾隆末年获得了一项官方许可的郊游权利，可“派人送带海幢寺、陈家花园，听其散游”，各国洋商、传教士以及外交人员自此成为海幢寺的常客。于是，从乾隆时代开始，海幢寺的建筑、文化及风光频繁地成为“洋客人们”纪念中国之旅、寄托中国想象的独有载体，成为大量外销画的题材和海外新闻的报道对象（图 1-8、图 1-9），声名远播海外，甚至在安徒生的童话故事里，也出现了海幢寺情僧的故事。②

① 陈兰芝增辑：《岭海名胜记》卷六《海幢寺》之海幢寺图，1790 年，木刻版画。

② 蔡鸿生：《广州海事录：从市舶时代到洋舶时代》，商务印书馆 2018 年版，第 237-248 页。

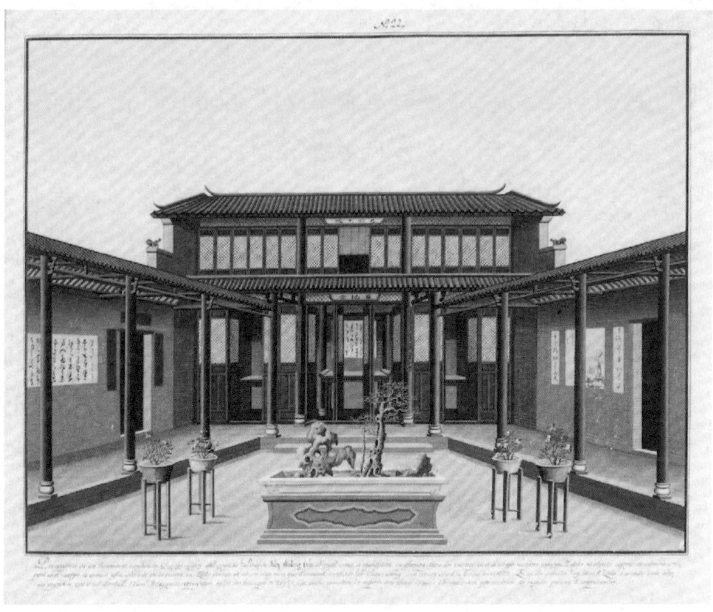

图 1-8　1796 年西班牙版海幢寺外销组画编号 22 之“地藏楼”①

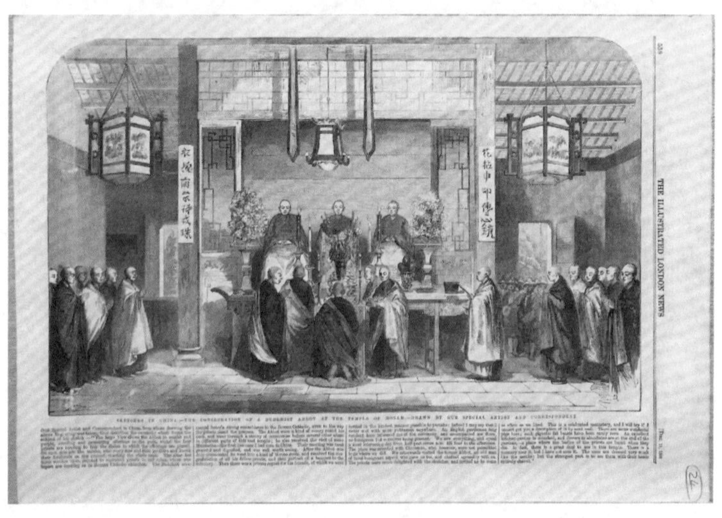

图 1-9　1858 年 12 月 11 日，英国《伦敦时事画报》刊登海幢寺住持就任仪式②

① 纸本水粉，广州海幢寺藏。

② 广州市海幢寺藏。

3. 宗族与广彩行业的迁入

漱珠涌便利的航运条件及其沿岸相对低廉的地价，很快吸引了不少珠三角的家族前来定居，明末开始形成龙导尾乡。从龙导尾将军庙乾隆十四年（1749 年）的碑刻来看，当时乡内至少已有陈、苏、李、冯、叶、甘、杜、黎、何、陆、罗、朱、温、简、高、邓、梁等十几个姓氏，人口颇具规模。① 乾隆中后期，广彩作坊为躲避火灾，从人口稠密的西关迁来。② 灵思堂是当时最大的广彩行会，创立于乾隆四十三年（1778 年），地址设于今毓桂坊三巷，后来迁往珠江南岸龙田东五巷③，广彩自此又被称为“河南彩”，其生产和出口也更为便利地对接珠江对岸的十三行商馆（图 1-10）。常年往来不绝的商贾与船只，极大地推动了漱珠涌沿岸酒楼茶肆的发展，一度“笙歌夜夜，不亚秦淮”④。悦人的繁华盛景与便利的地理位置，吸引了十三行四大行商家族（潘、卢、伍、叶）中最为显赫的两个——潘家和伍家，先后来此修园筑庐。

图 1-10　绘有十三行题材的一对清代广彩瓷碗⑤

① 龙导尾将军庙乾隆十四年（1749 年）碑刻。

② 曾应枫、李焕真编：《织金彩瓷：广彩工艺》，广东教育出版社 2013 年版，第 43-44 页。

③ 曾应枫、李焕真编：《织金彩瓷：广彩工艺》，广东教育出版社 2013 年版，第 49 页。

④ 俯芗：《论广州市海珠区在清代的全盛发展及其历史地理因素》，载政协广州市海珠区委员会文史资料研究委员会编《海珠文史》第 1 辑，1986 年，第 11 页。

⑤ 广东精诚所至 2020 迎春拍卖会目录。

4. 行商巨族前来定居

乾隆四十一年（1776 年），来自福建漳州龙溪乡的十三行行商潘振承，在漱珠涌西面购置约 20 公顷的土地（该地南北长 600 余米、东西宽 300 米，“四围界至海边，背山面水”），并在此“立祠开基……书匾额曰能敬堂，建漱珠桥、环珠桥、跃龙桥”①，他定名该地及周边为“龙溪乡”，开发龙溪首约、龙溪二约及栖栅巷等。潘振承和他的后代在这里修筑了一系列著名的园庐院舍（图 1-11），比如潘有为的六松园、南雪巢以及橘绿橙黄山馆，潘有度的漱石山房、南墅，潘正兴的万松山房，潘正炜的听帆楼、清华池馆，还有潘正衡的晚春阁等，都在漱珠桥沿岸一带。②

图 1-11　潘家花园内景③

①《河南龙溪潘氏族谱》，广东省立中山图书馆藏刻本。

② 黄任恒编撰，黄佛颐修订，罗国雄、郭彦汪点注：《岭南文库：番禺河南小志》，广东人民出版社 2012 年版，第 92–146 页。

③ 广东省博物馆编：《广州百年沧桑》，花城出版社 2003 年版，第 120 页，原图为私人收藏。

嘉庆六年（1801 年），伍秉鉴接手怡和洋行，短短十余年，便取代潘家成为行商之首。嘉庆八年（1803 年），伍秉鉴定居于漱珠涌东面，始建万松园，俗称“伍家花园”（图 1-12）。道光十五年（1835 年）建伍氏宗祠“崇本堂”，同时继续扩建万松园。[①] 经过伍秉鉴、伍崇曜父子两代人的悉心营建，这座占地面积约 13.3 万平方米的巨型园林在羊城闻名遐迩（图 1-12），不仅“奇异之花木及不易习见之名卉甚多”[②]，而且“收藏书法名画甚极富”[③]，还有一处别具意趣的“藏春深处”。据麦汉兴描述，此乃“伍氏少妾之所居。其清幽雅趣，又如大观园。再过为戏台，画栋雕梁，建造精巧，背南面北，三面可通，以便观看。前临大石天井，可坐百人”[④]。潘、伍两大豪门巨富的迁入，带动了大批从事洋务的家族以及文人雅士定居于此。他们与多才多艺的海幢寺僧人交游酬唱，与各种各样的西洋人士广泛交流，美轮美奂的岭南水乡与层出不穷的诗情画意交相辉映，共同构筑了清代漱珠涌畔丰富多彩的人文景观。

图 1-12　伍家花园内景[⑤]

① 王河：《中国岭南建筑文化源流》，湖北教育出版社 2016 年版，第 249 页。

②［英］马戛尔尼著：《乾隆英使觐见记》，刘半农译，百花文艺出版社 2010 年版，第 207 页。

③ 黄佛颐：《岭南文库：广州城坊志》，广东人民出版社 2012 年版，第 698 页。

④ 麦汉兴：《广州河南名园记》，载《广州市海珠区志》编撰小组编印《广州市海珠区文史资料专辑之二》，1984 年，第 5–6 页。

⑤ 英国军官 John Frederick Crease 摄于 1858 年，加拿大卑诗省档案馆藏。

5. 清代变革的前沿阵地

清代中后期，坐落在河南的外商公司和旅馆已达 30 家。近河一带也发展出大批长期与外商往来的商铺。① 作为当时中国与世界交往的前沿地带，近河中心的重要家族几乎全部从事洋务，而且彼此之间相互联姻，形成一张连接上海、天津、武汉等开埠口岸乃至海外各国的人际网络。与此同时，与西方世界的频密交往也使得近河中心成为西方宗教传播的理想场所。早在 19 世纪 30 年代，亦即伍氏宗祠的兴建时期，基督教首位华人牧师梁发定居龙导尾；② 1898 年，基督教同寅会在龙导尾首设女学；③ 1904 年，基督教公会于歧兴南约设立事务所；④ 1908 年，又有金巴伦长老会在龙导尾兴建“龙导尾堂”。⑤ 从乾隆至晚清，这里数代人的优渥生活与开阔视野，无形中韬养了一批具有中西“双重视阈”⑥ 的富家弟子。其中，生于 19 世纪 70 年代至 90 年代的人，不少在省港澳的各类教会学校接受过英文教育，有的学习西医，有的研究声光电化，有的着迷于西洋绘画，还有的承继祖业，从事洋行贸易。

正是在这批学子能量最为丰沛的晚清，时代的剧变不期而至。本

---

① 包括的观洋行（Deacon & Co.）、希士公司（Housse & Co.）、佐宴公司（Johannes, S.P.）、南记行（Metta, E.N.）、马打杯（Modadhoy, P.V.）、弥公司（Nye & Co.）等。The Canton Directory and Anglo-Chinese Calendar for 1875 with Plan of Shamien, Canton : Customs Press, pp. 6-7.

② 麦沾恩:《中华最早的布道者梁发》，载中国科学院近代史研究所近代史资料编辑组编《近代史资料》总 39 期，中华书局 1979 年版，第 200 页。

③ 程强强、夏泉、荀万祥:《真光书院校祖那夏理》，暨南大学出版社 2012 年版，第 88 页。

④ 雷雨田、马建钊、何方耀等:《广东宗教简史》，百家出版社 2007 年版，第 471 页。

⑤ 董黎:《岭南近代教会建筑》，中国建筑工业出版社 2005 年版，第 147 页。

⑥ 历史学家熊月之最早使用这一概念来描述具有近代思想香山人士，参见熊月之《“双视野人”与民族觉醒——以香山人在澳门、香港和上海的实践为例》，载《澳门学》2022 年第 1 期。

应该安心求学的他们，纷纷投身于图强求变的爱国事业，一大批对近代中国产生深远影响的志士仁人在此时涌现——甲午海战壮烈殉国的“致远”号舰管带邓世昌（图1-13），被誉为“女界梁启超”的医师张竹君，辛亥革命史上著名的“同盟会徐氏三姐妹”，暗杀清朝将军的李应生、李沛基兄弟，中国最早的红十字组织“粤东赤十字社”同仁，为黄花岗七十二烈士收尸营葬的潘达微，力行教育救国的“岭南诗宗”黄晦闻，岭南画派的开山鼻祖高剑父、高奇峰兄弟，还有后来被称为“河南王”的军阀李福林等。

图 1-13　邓世昌像①

这片“热闹繁华似秦淮”的风雅之地，交织成时代骤变的电闪雷鸣，同时也孕育着某种通往未来新世界的热切想象。河南最早的新式学堂、全粤最早的国人自办女学、全粤最早的西法接生诊所、全国最早的红十字机构以及全国最早的现代政治漫画报刊均诞生于此。在这些新式组织的联动与掩护下，近河中心还成了1905年抗美拒约运动的策动中心、晚清两粤女权运动的重要阵地以及辛亥黄花岗起义隐秘的据点……从甲午海战、戊戌变法，到辛亥革命，都演绎着他们壮怀激烈的生命故事，为民族国家的独立自强做出了巨大贡献。

① 邓辉彝私人收藏。

6. 近代城市化进程

长期的富庶繁华及其与对岸城区的频密往来，使近河中心成为河南最早开始城市化进程的区域。在德国工程师舒乐绘制于晚清的《广东省城内外全图（河南附）》中（图1-14），便将当时还并不属于“省城”的河南西北部的近河区域作为附属部分纳入图中，且突出表现了漱珠涌的位置，可见当时近河中心之于省城的重要程度。

图1-14 舒乐绘制的《广东省城内外全图（河南附）》[①]

辛亥革命以后，出身于河南大塘村的军阀李福林成为整个河南的实际控制者，百姓也因此称之为“河南王”。尽管民国初年时局动荡，

① 广州市国家档案馆藏，参见其官方网站：http://www.gzdaj.gov.cn/gzjs/zdjm/content/post_138362.html。

但李福林统治时期的河南社会秩序相对稳定，“一般人民多视之为安乐窝”①。1921年，新成立的广州市政厅将整个河南岛纳入市区，同时划分了三层边界：第一层称“警界”，即已经设置警察的范围，又称为“河南市区”，实际就是近河中心区域；第二层称“权宜区域”，意指即将设置警察之地，范围包括赤岗、客村、鹭江、松岗、岭南学校、旧凤凰、小港、瑶头、庄头等村；第三层称“展拓区域”，将山谷河流作为天然界限，范围包括河南全岛及黄埔在内的区域。黄素娟指出，“新划定的市区范围是建立在原本的省级、县级区域之中，牵动各方利益，在30年代以前市政部门的权力基本只限制在警界之内。”②换言之，近河中心区域在整个20世纪20年代，实际处在李福林与市政部门两种势力交织并存的“河南市区”之中。1924年绘制的《最新广州市马路全图》明确标示了河南警界内的范围，如图1-15所示。

图1-15　1924年《最新广州市马路全图》局部③

①《河南有人满之患》，载《华字日报》（香港）1920年9月29日第3张第4页。

②黄素娟：《乡村基层权力与城市扩张——以民国时期广州河南开发为例》，载《开放时代》2017年第6期，第213页。

③底图为1924年广州远安堂发行《最新广州市马路全图》，哈佛大学图书馆藏，色彩标注部分由课题组绘制。

1928年，李福林因病辞去军政职务，赴香港隐居养老，河南归并为番禺县第三区，并设河南全区办事公所，由十三行伍氏家族的伍应祺出任所长。① 1929—1936年，陈济棠主持广东军政，当时社会秩序相对稳定，经济稳步发展，市政建设也有了质的飞跃，市区扩张也因此提上议程。

1930年，市政府再次拟将河南划入市区，并设立市郊警卫队，由伍应祺担任总队长，与警察系统互不统属。② 整个河南自此成为广州市、番禺县所代表的两种权力层叠交错的拉锯地带。同年，广州市工务局局长程天固制定了《发展河南大计划》，③ 工务局先后公布《规划河南市区外路线》《开拓河南市区计划》等文件。④ 1931年，河南先后发生多起民间抵制市政府征收民用土地事件。⑤ 1932年，工务局制定了广州市道路系统图，拟通过马路建设开发河南全区⑥，引发一场河南县市划界潮，黄素娟指出：

“归市”与“归县”最大利害关系是影响到土地价格升涨。“归市”意味着河南即将开辟马路，成为市政建设之地，土地价格会上涨；

①《河南新定联防法》，载《华字日报》（香港）1931年4月15日。

② 黄素娟：《乡村基层权力与城市扩张——以民国时期广州河南开发为例》，载《开放时代》2017年第6期，第214页。

③ 广州市工务局编印：《广州市工务之实施计划》，1930年，第30-33页；《河南市区之整个建设计划》，载《国民新闻报》1930年5月10日第2张第1版。

④《规划河南市区外路线》，载《广州民国日报》1930年5月3日第2张第1版；《开拓河南市区计划》，载《广州民国日报》1930年5月10日第2张第1版。

⑤《河南乡民反对岭大收用民地》，载《华字日报》（香港）1931年3月3日第1张第3页；《河南乡民请愿记》，载《华字日报》（香港）1931年3月6日第1张第3页；《岭大收用民地之乡人呼吁》，载《华字日报》（香港）1931年3月7日第1张第3页；《河南区乡联席会议》，载《华字日报》（香港）1931年3月11日第1张第4页；《河南居民又反对收用民地》，载《华字日报》（香港）1931年3月20日第1张第3页；《河南草芳等乡之联席会议》，载《华字日报》（香港）1931年3月31日第1张第3页；《收用河南草芳一带荒岗建筑本府合署办理经过情形》，载《广东省政府公报》1931年第159期，第130-131页。

⑥《计划建筑省府合署案》，载《广东省政府公报》1930年第129期，第17-18页。

反之，“归县”意味着河南维持原貌，土地价格不变，甚至下降。显然，愿“归市”的是部分手中握有土地资源的人，并不代表全体河南乡民的意愿。……伍应祺和警界内各乡已接受市政厅授予的职务。这意味着，警界内外乡民的意愿极为不同。因此，伍应祺等用“七十二乡公民”的名义来筹划河南“归市”尤其受到另一部分乡民的反对。①

近河中心的世家大族多是土地资源的持有者，且这一带早在1921年便划入警界以内，加之力主归市的伍应祺本人也出自近河大族，或可推断当时近河中心的居民总体倾向于归市。由于“归市”得到广州市政府支持，而“归县”又受到番禺县政府的支持，致使广州市市长刘纪文与番禺县县长严博球各自上呈省政府，最终省政府发布调停决议：“该区向无市管，着即依照旧案办理，自治事务，仍由番禺县办理”②。尽管县市划界潮最终以归属番禺县为结局，但市政府并未就此完全放弃市区权限，双方妥协的结果再次导致了河南“多重权力体系的并存”③；这样的局面一直持续到新中国成立以后。综上可知，最早被划入“警界”的近河中心毫无疑问是整个河南近代以来城市化程度最高的一个区域，因此民国时期也在很大程度上延续了“富者多居之”的优雅环境、对外交流的区域特质、工商业持续发展的便利条件以及新思潮在此交汇的广阔可能。

三、近河中心与龙凤街道

作为清代及民国时期河南最繁华的两个中心之一，漱珠涌畔的近河中心区域今天划归于广州市海珠区的南华西街道、龙凤街道以及海

① 黄素娟：《乡村基层权力与城市扩张——以民国时期广州河南开发为例》，载《开放时代》2017年第6期，第216页。

②《河南县市划界潮四志》，载《华字日报》（香港）1932年6月10日第2张第2页。

③ 黄素娟：《乡村基层权力与城市扩张——以民国时期广州河南开发为例》，载《开放时代》2017年第6期，第217页。

幢街道辖区内，具体如图 1-16 所示。

图 1-16　近河中心与龙凤街道、海幢街道以及南华西街道关系示意[①]

由图 1-16 可见，划归于今天龙凤街道的近河中心区域，正是曾经的“二龙”范围。“二龙”意指龙导尾乡和龙田乡两个自然村和部分近河老城区，1958 年 8 月合并为二龙行政街[②]，后又于 1998 年 7 月与凤凰街道合并为今天的龙凤街道。“二龙”遂成为今天龙凤街道辖区内历史最为悠久、文化遗产最为密集的一个区域，因此，也是本次研究的重中之重。其中，有三个涉及跨街区的重要历史实体，需在此做一特别说明。

① 底图为舒乐于 1907 年绘制的《广东省城内外全图（河南附）》，色彩标注部分由课题组绘制。

② 二龙街沿革详见程慧《广州市区街镇大全》，广东高等教育出版社 1997 年版，第 283 页。

第一，是龙导尾乡。作为近河中心最古老的一个自然村落，龙导尾乡的具体范围不仅在历史上有着丰富变化，而且在今天“龙导尾”地名也分属于南华西与龙凤两个街道。为了能够最大限度地尊重和保存龙导尾乡的完整历史，我们在研究和叙述的过程中将暂不考虑当代街区划分的界限，事实上也无法对史料中所有关于“龙导尾”的相关叙述与今天的地理方位进行一一对应和区分，因此，我们将以该乡自身发展的脉络为研究内容和叙述逻辑。

第二，是海幢寺。尽管今天海幢寺的范围全部位于海幢街道，但其在历史上的范围远比今日要广阔得多，尤其在清代全盛时期。它北邻珠江江畔[①]，东至福场园[②]，南沿万松岭、乌龙岗[③]，西至当时海幅寺[④]、黎家璞园和伍家花园[⑤]，今天的南武中学、广州市公安局海珠分局、海珠区原政府大院、市红十字会医院等皆属原海幢寺范围[⑥]，因此它在很长一段时间里横跨今天的海幢、龙凤两个街道辖区。鉴于海幢寺在岭南乃至整个近代中国历史上的重要地位及其与近代龙凤重要人物、家族之间的密切关系，我们将海幢寺的历史沿革也纳入研究关注范围。

第三，是南武中学。一般认为南武中学始于 1901 年开办于龙溪首约的“群学书社”，至 1907 年增设“洁芳”女学部，是清末广州同盟

---

① 当时珠江江面比现今宽阔许多，海幢寺正门朝北，不少文人墨客曾留下描写寺外滔滔江水的诗句，如张维屏《同伯临过海幢寺》：江声寒欲秋，日色碧凝晦。参见黄佛颐《岭南文库：广州城坊志》，广东人民出版社 2012 年版，第 698 页。

② 伍秉镛《渊云墨妙山房诗钞·自注》等，参见黄佛颐《岭南文库：广州城坊志》，广东人民出版社 2012 年版，第 696 页。

③ 宣统《番禺县续志》卷四十一，载广东省地方史志办公室《广东历代方志集成》，岭南美术出版社 2007 年版，第 636 页。

④ 明清海幅寺原址位于今广州市同福中路海幢公园西侧，今化工建筑公司院内，距珠江南岸约 400 米。参见“广州海幅寺汉代窑场遗址”，中国考古学会编《中国考古学年鉴 1998》，文物出版社 2000 年版，第 197 页。

⑤ 根据郭棐《岭海名胜记》中清代海幢寺全图（1790 年），与地图对比得出。陈兰芝辑、王元林校注：《〈岭海名胜记〉增辑校注》，三秦出版社 2016 年版，第 550 页。

⑥ 林剑纶、李仲伟：《海幢寺》，广东人民出版社 2007 年版，第 77–95 页。

会的秘密据点。但本次研究发现，南武女学的开办很可能并非从零开始，而是继承并整合了20世纪初以来近河中心多个国人自办女学堂的基础和资源，串联起漱珠涌畔一系列重要的洋务家族及其与基督教、辛亥革命之间的惊心动魄的爱国故事，不仅是龙凤街道不可错过的精彩过往，也是近代中国风云变幻的一个深邃缩影。当年活跃其中的人物和组织，多居于漱珠涌畔，有的地处今日的龙凤街道，有的地处其他街区，即使是今天的南武中学，也横跨海幢、龙凤两个街道，校园被同福中路一分为二，因此我们也将南武早期的人物关系和发展脉络，归入本次研究的重点部分。

其实，类似这样跨街区的情况比比皆是，毕竟河南西北部历经一个多世纪的繁华，本身是一个不可拆分的历史整体。这一根本性的把握将贯穿本次研究始终，以确保龙凤街道研究的整体视角和全球眼光。仅列出以上三处专门做说明，是因为它们不仅规模、影响较大，而且同时也是其他街区重要的历史文化遗产。为避免重复劳动，我们将采取详人所略、略人所详的研究策略，对于已被众多学者充分研究的漱珠涌、海幢寺及潘、伍两族，我们仅在导论的脉络性梳理中作简要介绍；对于有一定研究基础但很多信息尚不确凿的龙导尾乡，我们将在史料抉隐与实地查访的基础上推陈出新；而对几乎没有被关注到的南武一系，我们将呈现最前沿的原创成果。其他百端，亦同此理。

第二章　龙凤古代史迹与明清移民

龙导尾、龙田、龙圣里、龙珠里、龙涎里、龙船岗、龙马里、龙隐里、龙安里、龙湾里、龙飞里、和龙里、龙福路、乌龙岗……行走在大大小小近 50 条“龙”气氤氲的街头巷陌，很容易联想到“河南龙脉”以及“河南出过皇帝”[①] 的古老传说。尽管今天已经很难考证它们究竟始于何时何因，但从整个河南历史发展的脉络来看，这些“龙”字地名很可能存在两种来源：一是与风水堪舆学说相结合的南汉掌故，二是随着十三行潘氏家族而来的福建龙溪地名。其中，“龙脉”与“皇帝”之说，即来自第一种源头。

一、五代十国：南汉遗闻

1. 风水堪舆之“龙”

风水堪舆与南汉掌故相结合的“龙脉”论述，有一个非常典型的例子，出自著名地理学家、中国地理科学成就奖获得者曾昭璇的文章《广州周边的景观沿革——释〈广州杂抄〉下卷》，其中有一节标题为

---

① 罗国雄：《海上明珠沧桑录》，载政协广州市海珠区委员会文史资料研究委员会编《海珠文史》第 2 辑，广州市二运印刷厂 1988 年，第 10 页。

“河南龙脉”，开篇引文曰[①]：

堪舆家言河南为藏龙之地。龙头在东海官洲，龙尾即乌龙岗龙尾道。故官洲南汉为陵园，今仍有太子墓在，吸东海龙气，引入广州兴王府，结尾处龙尾道，亦设天坛祭龙者也。计自官洲蜿蜒西来，龙身时现龙鳞。据土人言，赤岗东七星顶，赤龙现身，龙鳞片可见，今仍以“鳞石”为名。余亦亲自踏勘，见大片“鳞石”于七星顶东坡，赤壁高十余丈，满饰“鳞石”，亦广州一奇观也。特记如上。

引文出自曾昭璇之父曾广衡所著《广州杂抄》。曾广衡，字景匡，南海大范村人，生卒年不详，少年师从岭南画派创始人之一何翀学画，宣统年间因避乱，迁居广州河南乌龙岗，居所名“敬居草堂”。[②] 这是一座建于 1909 年的私家园林，占地颇广，“从同福西后街通至同福西街。有东西花园，另在东面还有大花园，堂中广植花草树木，以果木成林闻名。建有水池、池中植莲、菱之类……”[③] 可见这是一个自光绪年间就世居近河一带的大家族。

从“今仍有太子墓在”与“余亦亲自踏勘”的表述来看，在曾广衡心中，南汉的历史陈迹与地方“龙脉”之说可互相印证，因此，有关南汉的一系列其他传说性地名诸如刘王殿、郊坛顶、龙尾道等，及其他一系列带有“帝王之气”的龙字地名，应该也不是无中生有。

如此模糊地将地貌特征与传说、史料糅为一体的做法，在很大程度上反映了晚清民国时期河南知识分子对本地历史的认知方式，其观点也随着类似《广州杂抄》等著述的流传而成为今天人们重构河南历史最常援引的文化资源。值得留意的是，曾昭璇本人在引用了父亲的文字之后，马上转入对其中“龙脉”现象的地理学分析，指出这是因

---

① 曾昭璇:《岭南文库：岭南史地与民俗》，广东人民出版社 2015 年版，第 132 页。

② 曾昭璇执笔“广州杂抄”条目，载陈桥驿《中国都城辞典》，江西教育出版社 1999 年版，第 1349–1350 页。

③ 冯沛祖:《广州古园林志》，中央编译出版社 2017 年版，第 260 页。

为“河南岛受前后航道包绕，故丘陵地受剥蚀后，残留成东西走向的低丘带”，因此“被堪舆师称为‘龙形’”，而“‘鳞石’即科学上的‘片状剥落’或名‘球状风化’，凡在均质岩石表面，受到雨水的湿热和昼夜冬夏变温作用，使岩石表层冷缩热胀和干湿交替加强，把表层和岩心分裂开来，形成岩层表面大块大块剥落的现象”①。

通览“河南龙脉”一节，全篇皆是科学性的地理分析，没有从中联系南汉传闻或掌故，可见对于地方历史的认知方式，到了受过现代专业学科训练的曾昭璇一代，已发生较大变化。尽管五代十国时期确有刘氏在广州建立南汉政权（917—971 年），河南区域也曾经出土过南汉墓葬等相关遗迹，甚至风水堪舆中的“龙脉”一说也存在相应的地理地貌，它们之间的模糊联系或许构成了本地“龙”字地名的来源之一，但南汉传说中的地名内容与具体史实之间的种种联系，还需审慎辨析。

2. 祭坛传说与考古发现

“郊坛顶”是今龙凤区域内的一条寻常旧巷（图 2-1），因《南汉书》载南汉高祖刘龑、三主刘晟、后主刘鋹均曾“祀天南郊”②，故后世一直将“郊坛顶”地名与刘氏祭天相联系，认为“应是当时祭坛建筑的遗名”③，比如十三行潘氏举人潘有为在其《南雪巢诗》“注”中即言“龙尾乡，旧有坛壝，相传南汉祈雨于此”④，又如同治《番禺县志》亦称有祈雨坛在河南龙尾乡。⑤

① 曾昭璇：《岭南文库：岭南史地与民俗》，广东人民出版社 2015 年版，第 132 页。
② 梁廷楠著、林梓宗校点：《南汉书》，广东人民出版社 1981 年版，第 7、16、22 页。
③ 陈泽泓：《南国杰构：广州建筑文化研究文集》，广州出版社 2018 年版，第 70 页。
④ 潘有为：《南雪巢诗》，参见黄佛颐《岭南文库：广州城坊志》，广东人民出版社 2012 年版，第 692 页。
⑤ 同治《番禺县志》，参见黄佛颐《岭南文库：广州城坊志》，广东人民出版社 2012 年版，第 693 页。

图 2-1　郊坛顶街巷今貌[①]

2014—2015 年，广州市文物考古研究院对郊坛顶地块[②]进行考古挖掘，引起不少民间文史爱好者与文化保育组织的高度关注，期待“能真正发现佐证龙导尾起源的有力证据”[③]，但由于最终发掘结果尚未公布，公众至今不知内情。研究团队经龙凤街道领导相助，有幸联系到广州市文物考古研究院，得见考古发掘报告全文，兹将其主要结论誊录如下：

1. 从考古调查、勘探与发掘结果来看，地块的中部、北部区域发现清代—五代十国南汉时期的遗存，有地面、灰坑、灰沟、水井等遗迹，说明历史时期的人类在海珠区的这一区域活动相当频繁。在地块中部区域发现的宋代大面积的砖陶碎块铺筑的地面，揭露面积 800 平方米，分布面积较大，修筑做法讲究，目前还不清楚其具体规模，

① 摄于 2022 年 12 月 29 日。

② 即当时海珠区广州塑料三厂地块。

③ “河南地 Honam” 2014 年 10 月 17 日微博。

是否还有同一时期的其他遗迹，这在海珠区历年考古工作中首次发现。

2. 出土的遗物较多，经初步整理，年代涵盖了西汉早期至民国时期。需要引起重视的是出土大量晋南朝砖瓦、陶器碎片等建筑材料和生活器皿，说明附近的区域应该存在这一时期的建筑或其他遗迹。

3. 结合海珠区宝岗大道与南田路历年的考古发现，可以初步认为以宝岗为中心的周边区域在各个时期人类活动频繁，留下的各类遗存较多，也带出许多疑问。目前的考古发现可能仅是揭露出的冰山一角，需要在以后的周边区域加强工作，便于对地下埋藏文物的保护。[①]

这份报告结论不仅仅是基于郊坛顶区域的挖掘情况，而且结合了1997年在该地块北面约500米的海幢寺发掘的汉代窑址，以及分别在2004年、2007年在该地块东北面约800米的广州市红十字会医院和富力千禧花园工地发掘的汉唐墓葬和水井、灰坑等遗存，还有1999年在南田路发现的汉至晋南朝墓葬遗存等情况综合分析所得。[②] 尽管尚无法证实南汉祭坛建筑是否曾经真实存在，但发现“宋代大面积的砖陶碎块铺筑的地面”对研究河南明中叶以前的情况产生重要的补充作用，是龙凤地区值得更进一步深入探究的珍贵古迹。

3. 从“龙尾道”到“龙导尾”

龙尾道是龙凤辖区内另一个与南汉政权密切相关的古老地名，相传是通往南郊坛的一条帝王专用道，“从坛上北望，宛如龙尾垂地”，故时人称之为“龙尾道”。[③] 明初有张氏在此开基立村，遂以“龙尾乡”名之，亦称“龙尾道乡”。随着时间的推移，“龙尾道”被误记为“龙尾导”，误记的具体时间已不可考，但此写法早在同治十年（1871

① 考古挖掘报告由广州市文物考古研究院提供，特此致谢！

② 广州市文物考古研究院同仁提供，特此致谢！

③ 罗国雄：《海上明珠沧桑录》，载政协广州市海珠区委员会文史资料研究委员会编《海珠文史》第2辑，广州市二运印刷厂1988年，第10页。

年）的《番禺县志》[1] 中已经出现，说明该地名变化应不晚于清中期。此后百余年间，“龙尾导”又被再次误记为“龙导尾”，至民国年间，“龙尾乡”“龙尾导”与“龙导尾”三者已频繁混用，其中以讹传讹的“龙导尾”一称逐渐成为主流，而且衍生出“龙导通津”“龙导大街”等的系列地名，至今仍在使用。

就在这一地名发生系列变化的数百年间，龙导尾乡也从一个最早的单姓小村发展为拥有众多姓氏的繁荣村落，其范围也随之不断扩大。这一点，在龙导尾现存的遗迹碑刻中即可见一斑。比如，位于水松基街的“龙尾导西南约水车座宫”碑（图 2-2），尽管没有年款，但亦可知立碑之时的水松基，应位于龙导尾乡的西南部，而今天的水松基实际位于龙导尾区域中部地带，可知从立碑至今龙导尾乡一直在不断扩展。又如，龙导尾现存最古老的庙宇——将军庙内仍可见三块珍贵的碑记，年代分别为乾隆十四年（1749 年）、乾隆五十八年（1793 年）和道光二十八年（1848 年），从三块碑刻上的本乡捐款名录来看，姓氏的丰富程度依次递增，乾隆十四年碑共计 17 个姓氏，到乾隆五十八年增至 56 个，至道光二十八年已多达 175 个，其中东约 50 个，西约 46 个，南约 45 个，北约 34 个，[3] 由此亦可见清中期该乡的迅速发

图 2-2 水松基街的“龙尾导西南约水车座宫”碑[2]

① 同治《番禺县志》，参见黄佛颐《岭南文库：广州城坊志》，广东人民出版社 2012 年版，第 693 页。

② 摄于 2022 年 3 月 30 日。

③ 龙导尾将军庙碑记，2022 年 8 月 17 日拍摄整理。

展。那么，最初的“龙尾乡”究竟是谁来开发的呢?

二、明代：状元家族开基立村

1. 番禺谢村张氏开基龙尾乡

在今同福中路南市大街的龙圣里口，有一明代古井，名曰“通乡宋张状元井”（图 2-3），是为纪念南宋状元张镇孙而修建，当地流传，龙导尾乡开基始祖实乃张镇孙的第四代直系后裔。①

图 2-3　通乡宋张状元井②

①《广州市区街镇大全》编委会:《广州市区街镇大全》，广东高等教育出版社 1997 年版，第 286 页。

② 摄于 2022 年 12 月 29 日。

张镇孙（1235—1278 年），字鼎卿，号曰溪，南宋咸淳七年（1271 年）辛未科状元，是宋代岭南唯一的状元，授秘书兼正字，迁校书郎，出任婺州（今浙江省金华市）通判。德祐元年（1275 年），元军南下，张镇孙知婺州难守，便弃城带双亲返回广州，遭人弹劾，遂罢职。

德祐二年（1276 年），南宋都城杭州被元军攻占，宋太后与恭宗降元。益王赵昰即位，是为宋瑞宗，改年号景炎。瑞宗南下闽粤，命张镇孙与凌震将附近溃军重新集结，抵抗元军。是年十二月，瑞宗抵达惠州，任命张镇孙为龙图阁待制、广东制置使，兼经略安抚使。景炎二年（1277 年）四月，张镇孙率军击败降元将领梁雄飞，进驻广州城。是年十一月，两路元军会师，围攻广州逾月，张镇孙弹尽粮绝，于次年正月城破被俘。景炎三年（1278 年）四月，元将退兵北上，押张镇孙返回元大都（北京），途经粤北大庾岭时，张镇孙于岭间红梅丛中殉国，文天祥作诗哭祭。①

据《广州市文物普查汇编·海珠区卷》的叙述，相传张镇孙在广州抗元期间，曾“在该地屯兵、开井”，明朝初年其后人来此开基立村，便以一井纪念先祖。该井一直存续至 20 世纪 30 年代，“因曾有人投井自尽，故被填塞”。半个多世纪后，二龙街于 1992 年重修该井，建成“一街头小景，以记乡土渊源”②。从张镇孙的生平来看，在 1277—1278 年正月的这一时段内，他确有可能在龙尾乡活动。那么，除状元井外，龙凤一带是否还有其他历史线索？

① 参见［明］黄佐著《广州人物传》第十卷《宋经略安抚史张公镇孙》；［清］康熙三十一年《南海县志》卷十一《人物·名臣》；［清］雍正九年《广州通志》卷四十四《人物·文苑·张镇孙传》；［清］咸丰三年《顺德县志》卷二十二《列传·二张镇孙传》。

② 陈建华主编：《广州市文物普查汇编·海珠区卷》，广州出版社 2008 年版，第 167 页。

2. 医灵古庙和仙桂遗址

世居龙导尾始兴里（又称“麦巷”）书香世家的广州市文史馆馆员、海珠区文联顾问麦汉兴先生，曾写过一段弥足珍贵的童年回忆，其中包含了张镇孙传说与龙导尾祖庙的重要关系，引录如下：

民国初期，余正童稚，尚见在宁隐街与七庚门口有医灵庙……庙内有张状元神像……前有龙牌，上书“龙导开乡宋张状元之神位”……我还记得旧日医灵庙碑记有小字一行，叙述其经过，当中说道“吾乡神灵神庙，原为宋张状元故宅，因吾乡仲民素拳神明，因将宅基改建，奉为龙导祖庙，千秋奉祀”……且又记得，另有一块是清代某某年重修医灵古庙碑记中有载，说我乡龙导祖庙是张状元之故宅，建于明初，历代均有重修……[①]

麦汉兴生于1915年，那么在他能有如此记忆且识文断字的年龄，大抵是20世纪20年代初。在1923年第84期的《广州市市政公报》中，仍可见河南医灵庙的记载，称其地址位于当时西市街10号门牌。[②]此外，研究团队在走访中，亦发现了一块写有“仙桂遗址”的石碑（图2-4），落款为“里人麦汉兴”，石碑位于今仙桂社9号民宅门前院中，据传此地原有两株丹桂，为张镇孙手植。[③]

图2-4 麦汉兴题“仙桂遗址”[④]

① 麦汉兴：《张状元开乡龙尾导》，载政协广州市海珠区委员会文史资料研究委员会编《海珠文史》第2辑，广州市二运印刷厂1988年，第18页。

② 由友人马文晋先生帮助查得，特此致谢！

③ 罗国雄：《海上明珠沧桑录》，澳门出版社2003年版，第56页。

④ 拍摄于2022年8月10日。

那么据称是张状元故宅所在的医灵庙，与张氏后人为纪念张状元故地所建的“状元井”，是否在同一个地方呢？二者距离丹桂地点又有多远？综合多版民国地图和实地走访情况，我们发现三者之间的距离的确很近，两两之间步行只需一两分钟，可知这一地块数百年间都是张镇孙及其家族之故地（图 2-5）。

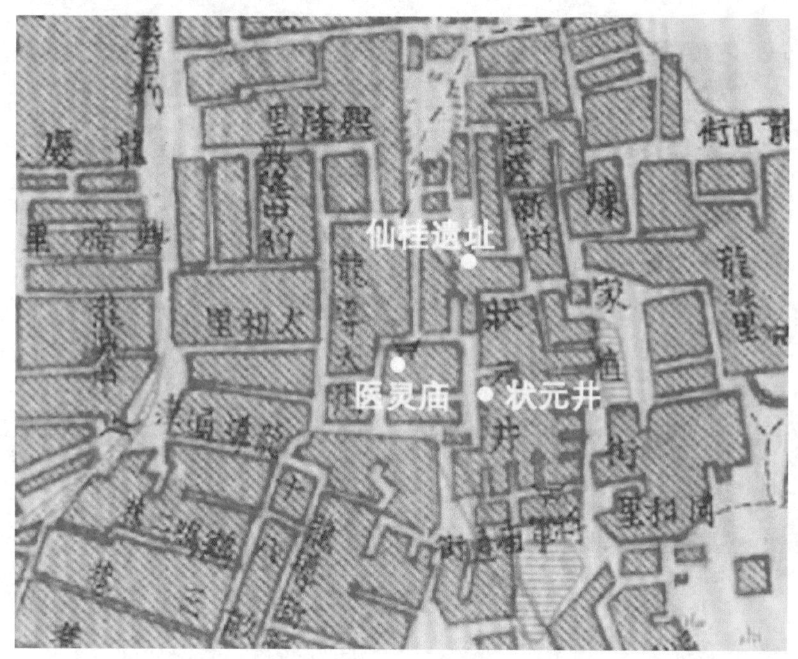

图 2-5　医灵庙、状元井、仙桂遗址方位关系示意①

那么，张镇孙是否为龙导尾乡的开乡之祖呢？民国时期河南学者黄任恒在《番禺河南小志·杂录》中写道：“镇孙殉节时，仍称谢村人，故不敢（以河南人）为张立传，只著张氏缘起。”② 我们赞同此严谨一说，故也将龙导尾乡之渊源追溯至番禺谢村。

---

① 底图为 1929 年《一万分一广州市全图》。

② 黄任恒编撰，黄伟颐修订，罗国雄、郭彦汪点注：《岭南文库：番禺河南小志》，广东人民出版社 2012 年版，第 395 页。

3. 番禺谢村的族谱与口述

而今的龙凤街道已无张状元家族后人居住，于是研究团队前往番禺谢村寻找张氏宗亲了解情况。其间团队有幸参观了张氏宗祠敦睦堂以及崙番张公祠，蒙村里族谱保管人张志锋先生相助，得见一本老旧的《泰通张氏族谱》（图 2-6）以及张氏世系长条卷宗（图 2-8）。

泰通張氏重脩族譜序
嘗謂尋山者必尋其脉絡觀海者必究其淵源良以千峰攢翠脉
有自來萬派分流源有自出也吾以爲山水有之人亦宜然人本
乎祖即脉所自來也源所自出也則夫紀其脉絡聯手足於一堂
溯其淵源序本支於
爲天南鼎族毓
明矣吾郡 張氏

图 2-6　番禺谢村张氏宗祠藏《泰通张氏族谱》①

从中得知张镇孙第四代直系后裔名讳，整理如图 2-7 所示：

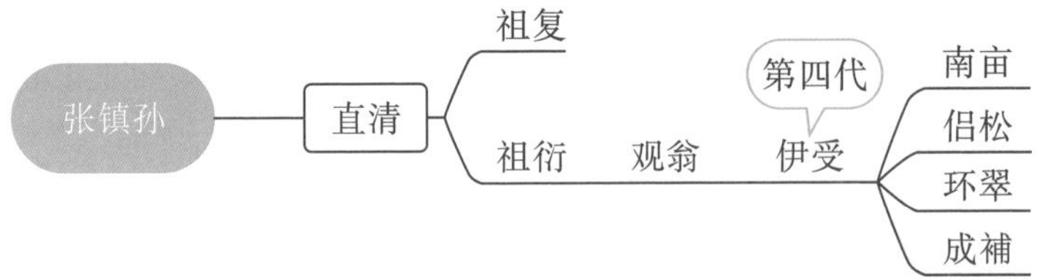

图 2-7　张镇孙后人世系族谱②

① 摄于 2022 年 8 月 11 日，番禺谢村张氏宗祠内，由张志锋先生及张氏宗亲提供，特此致谢！

② 研究团队整理所得。

其中，第四代“伊受”即可能为明初龙导尾乡开村之祖。

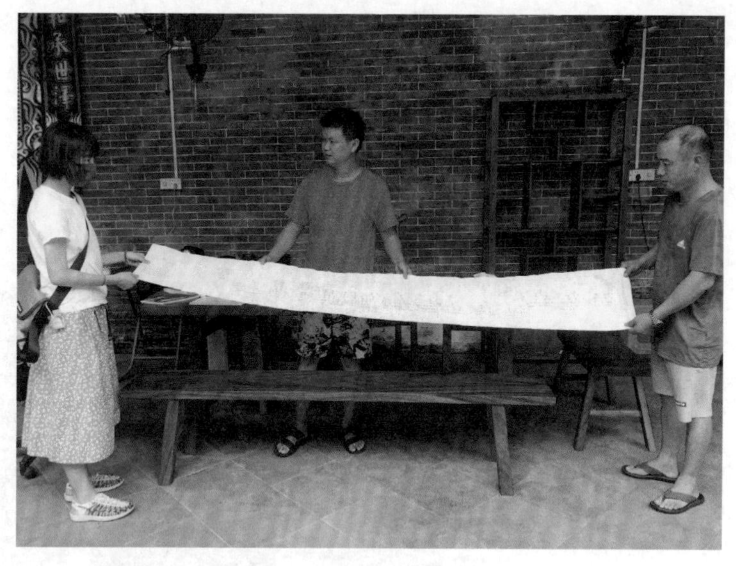

图 2-8　张氏世系卷宗[①]

谢村宗亲对龙导尾曾有族人迁居的情况皆有所耳闻，并向团队展示了在番禺龙美村的张氏另一分支的族谱记载，其中有关状元井的段落如下：

状元井位于海珠区同福中路南市大街状元井（街名）内，在一条弯弯曲曲的小巷子之内，没有任何公交车可以到达，的士也开不进去，只有靠不停地向当地人问路才能到达，状元井附近还有一座青砖建筑，据当地人说是一座尼姑庵，隐约可以听到诵经之声。[②]

这意味着龙导尾及状元井的修建历史是张镇孙家族内部公认的集体记忆。至于今天的龙导尾已难寻状元之后，是因为他们早已举族迁回谢村，具体何时迁回已不得而知。曾经在龙导尾与他们比邻而居的

① 摄于 2022 年 8 月 11 日，番禺谢村张氏宗祠内，由张志锋先生及张氏宗亲提供，特此致谢！

② 龙美敦睦堂三修张氏族谱理事会编：《广东番禺族谱：宋状元张镇孙世系》，2016 年丙申秋旦，第 145 页。

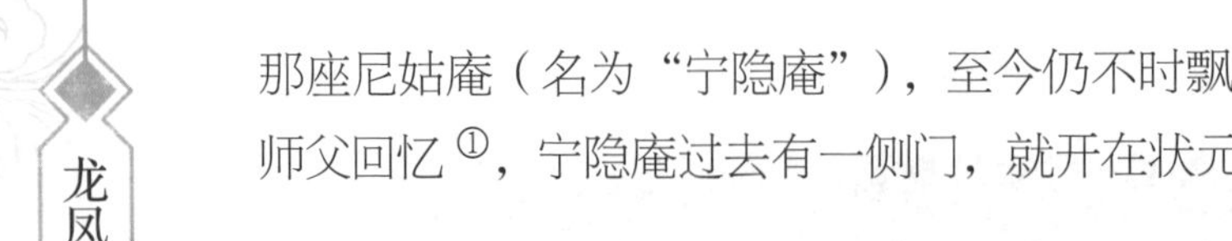

那座尼姑庵（名为“宁隐庵”），至今仍不时飘出木鱼佛音。据庵里的师父回忆[①]，宁隐庵过去有一侧门，就开在状元井之旁。

三、明清鼎革：反清复明与遗民逃禅

1. 宁隐庵的咏春传说

这是一座始建于明末清初的古老庵堂（图2-9），相传咏春拳的创始人五枚师太曾隐居于此。现今宁隐庵外墙介绍历史沿革的叙述中写道：

图 2-9　宁隐庵今貌[②]

广州咏春拳名家、《咏春拳》一书作者李志河先生据他收藏的秘传史料称：南少林长老五枚师太在清廷火烧少林寺之后，隐居于宁隐庵内。心怀反清复明之志的五枚师太，为铲除南少林叛徒马宁儿，潜心研究有别于传统南少林拳的新武功。当时宁隐庵地处荒郊野岭，常有蛇鹤出没；某日，五枚师太信步闲游于今白鹤洲一带，忽见一白鹤与一赤练蛇搏斗……根据蛇鹤相搏，五枚师太悟出一套从心法到技法的全新武功。五枚师太根据鹤蛇相斗时善于缠绕吞吐的特点，悟出了以手腕快速变换动作为主的“手劲”，并加以改进，全部融汇到符合女子生理特点的新拳术中，使新拳

① 2022 年 8 月 17 日访谈宁隐庵乘正师父。

② 摄于 2022 年 12 月 29 日。

成为当时最斯文的女子拳术。①

于是我们按图索骥，找到了李志河所著的《咏春拳》一书，但全书并未提及“秘传史料”和宁隐庵，只是追溯了五枚师太为咏春鼻祖，并详细列出一个师承谱系，具体为：五枚→苗顺、严二、严咏春、梁博俦（二代传人）→高佬忠、大花面锦、梁二娣、黄华宝等（三代传人）→郭保全、梁赞、冯少青等（四代传人）→阮奇山、陈华顺、赵简卿、区树、罗厚普、仇达卿、仇贵甫、梁恩等（五代传人）→岑能、叶问、黎光甫等（六代传人）。② 其中，最为有名的当属叶问。从调研组于 2022 年 8 月对宁隐庵乘正师父进行的访谈中得知，叶问一脉也认可五枚师太创始咏春一说，2010 年前后还曾有叶问弟子到访宁隐庵寻根。

叶氏一门之所以认可五枚师太，很大程度是因为叶问宗师本人曾留有遗稿，其中对咏春源流的叙述也追溯至五枚师太。③ 但叶问之子叶准却对此持不同看法，他首先指出咏春源流在梁赞师祖以前都“仅能称之曰‘传说’”；其次，他认为类似的传说现象不仅限于咏春，而是“各门各派都为它的师祖抹上一层神秘的色彩，不是少林、便是武当，不是道士，便是和尚或尼姑”；最后，他提出了另一种可能被埋没的咏春历史：

1982 年，我到佛山探访过彭南（黑面南）。彭南应称得上是佛山咏春之老前辈（前辈，是因为他年纪老，已届八十高龄，但他的辈分不很高），当我们谈论到咏春源流时，彭南以坚定的语气说：咏春是由一个叫“摊手五”的人从北方带到佛山的，严咏春仅是从小说里塑造出来的人物……

---

① 宁隐庵外墙介绍，拍摄于 2022 年 3 月 30 日，部分介绍文字亦发布于“广州市佛教协会”微信公众号介绍宁隐庵的《纷扰之中 清净修行》一文。

② 李志河：《咏春拳》，成都时代出版社 2010 年版，第 3 页。

③ 叶准：《有关咏春源流之探讨》，载叶准、卢德安、彭耀钧《叶问 · 咏春》，国际文化出版公司 2011 年版，第 174 页。

稍后，我在一些有关研究中国戏曲史的文献中，赫然发现有关“摊手五”的资料，而这些资料，与咏春之源流，也有密切之关系。①

叶准后来引用了他所见戏曲史上于雍正年间从京师逃亡来到佛山的湖北人张武（又名“摊手五”），如何组织红花会馆，同时“一只摊手，独步武林”，把戏曲和武艺都传给红船弟子的相关史料，并认为这一说法较之严咏春之说更为合理，因为五枚师太、严咏春等人物其实来自小说杜撰。事实果真如此吗？

2. 寻访“五枚”其人

对于“五枚”其人，学界目前的共识是，在清咸同年间的侠义小说《圣朝鼎盛万年清》（以下简称《万年清》）出现以前，她未曾见诸任何形式的记载。直至《万年清》小说问世，五枚师太才作为与至善禅师、白眉道长、冯道德、苗显并称的“少林五老”出现，因此她并非真实的历史人物，而是小说创作中杜撰的人物形象。

《万年清》又名《万年清奇才新传》《乾隆游江南》《乾隆巡幸江南记》等，全帙总计八集七十六回，但前后著者并不相同。一般认为前四集为粤人所著，第五集作者有变，但夹杂广东方言，应亦为粤人；第六至八集则系上海书商所续，但也并非一时一人所续，而是驳杂间断地存在多人续写，导致情节多处无法兜拢。②总体而言，全书贯穿两条线索，一条是乾隆下江南，另一条是方世玉的故事，二者都对后世武侠小说、通俗文化乃至武术源流的历史建构产生了极其深远的影响。

---

① 叶准：《有关咏春源流之探讨》，载叶准、卢德安、彭耀钧《叶问·咏春》，国际文化出版公司 2011 年版，第 174 页。

② 相关讨论文献参见吴敢、邓瑞琼《〈圣朝鼐盛万年清〉版本补考》，载《明清小说研究》1988 年第 4 期，第 220–223 页；冈崎由美《方世玉故事形成初探》，载《中国文学研究》1996 年第 22 期，第 92–101 页；王进驹《万年清作者与版本》，载《跨文化视野下中国古代小说学术研讨会文集》2011 年；杜留荷《〈万年清〉研究》，四川大学 2014 年硕士学位论文。

值得特别指出的是，两条线索上的故事在后世的流布是分别进行的，因为乾隆下江南的主题是颂扬清代盛世，而方世玉与少林五老等人的故事则蕴含着明显的反清因素。对此，明清文学研究者刘荫柏有一段广为引用的评议：

第四回至第八回为全书精华，写的是少林派武当高手方世玉的传说，此中的方世玉、苗翠花、至善禅师、五枚师太、白眉道人、冯道德、胡惠乾等人，在近、现代武侠小说中多次出现……其内容对后世武侠小说的直接影响，似在《施公案》《三侠五义》之上。[①]

从"全书精华"的美誉可见，以方世玉和少林五老为代表的具有反清因素的故事，对后世产生了最为广泛深刻的影响。这或许是因为在《万年清》问世的咸同年间，正值鸦片战争与太平天国运动同时爆发之时，清朝弱势已现，民间反清情绪一触即发，于是五枚师太随着方世玉及其他少林五老等"著名"反清人物的广泛传播而流布至民间，成为各种民间团体建构自身历史渊源的思想资源，尤其是本就与反清有着千丝万缕关系的咏春、海幢和宁隐，更是由此生发出无数虚实交织的坊间叙事。其中，麦汉兴撰《五枚师姑留铁棍　大榕树下梅花桩》一文，可谓游走于史实与传说之间的一个明显的例子，兹择录如下：

五枚师姑的名字，相信在很多读者的脑海中，留有深刻印象；特别是喜欢看武侠小说的。在"我是小人"写的——洪熙官大闹峨眉山描述，五枚师姑多次出来为洪熙官等排解危难，主持公道，白眉道人亦莫奈伊何。她的为人正义，以及高超的武艺，很受读者钦佩。可知她还有一条铁棍留在海幢寺呢！

海幢寺内库房存有铁棍一支，长五尺许，直径二寸余，重可百余斤。似铁非铁，似钢非钢，想是合金所制。当时主持僧彻明和尚亲口告诉我："这是五枚师姑遗物。"因五枚师姑曾在海幢寺与众会武而留下的，后人因其笨重，无法使用。可惜此物既无五枚名字，又无铸造

① 刘荫柏：《清代侠义小说概叙》，载《明清小说研究》1990年第2期。

日期，惟光棍一只，只有口传，而无实证。

…………

据南武学堂先辈周文景校董说："我在南武读书时，大榕树脚尚余梅花桩数十枝，是以前寺僧练武用的。"所谓梅花桩者，用四支杉作四方形，居中再加一支，共五支为一组，若梅花形状。按此排列组合，人在桩上比武，偶有失步，则坠陷桩中。要不是身躯灵活，手足敏捷，武艺高强的不敢尝试。由此联想，则至善禅师、三德和尚、五枚师太等或与海幢寺僧的确有联系。①

如果说洪熙官、至善禅师、三德和尚等一系列与五枚师太一起出场的传奇人物，是此文"虚"的成分，那么海幢寺住持彻明和南武学堂校董周文景，则是"实"的部分。值得重视的是，两位讲者均非宁隐庵中人，而是来自南武、海幢。鉴于南武公学创办之初，课室即为海幢寺之圆照堂②，后又陆续购入海幢寺之云水楼、观音殿、放生池等地③，故可知五枚传说的重要源头之一，便是海幢寺僧。这是否意味着历史上海幢寺与宁隐庵之间可能曾经存在某种重要而隐秘的关系，只能通过传说形式来反复讲述？

3. 宁隐庵、海幢寺与明遗民

在宁隐庵始建的顺治十八年（1661年）④，南明政权尚未灭亡，而这一年初春，邻近的海幢寺迎来了心怀故明的天然和尚（图2-10）。

---

① 麦汉兴：《五枚师姑留铁棍 大榕树下梅花桩》，载麦汉兴《桐斋随笔》，广州市海珠区文联、海珠地区炎黄文化研究会1999年自印，第298页。

② 麦汉永：《南武学堂之创办历程》，载李齐念主编《广州文史资料存稿选编》第7辑，中国文史出版社2008年版，第26页。

③ 麦汉兴：《海幢寺之源革》，载麦汉兴《桐斋随笔》，广州市海珠区文联、海珠地区炎黄文化研究会1999年自印，第293页。

④ 广州市地方志编纂委员会编：《广州市志（1991—2000）》第9册，广州出版社2010年版，第417页。

图 2-10 天然和尚画像（纸本设色）②

天然和尚名释函昰，出身番禺曾氏望族，明崇祯六年（1633 年）举人。1644 年，清兵入关，他“自遭国变，志切远遁”。1646 年，清兵入粤，广州城破，南明绍武帝及诸王孙被清兵杀戮，尸横于野，天然和尚为他们拾骨建冢。1648 年，天然和尚与番禺雷锋山隆兴寺主今湛共建海云寺。①

1649 年，清廷任尚可喜为平南王。1650 年春，平南王尚可喜、靖南王耿继茂率军南下攻打广东，十一月初二，广州城破，尚可喜下令屠城，死难者多达十万，史称“庚寅之劫”。③此后，岭南大批不甘屈服的明朝遗民纷纷踏上逃禅之途，皈依佛门。1661 年初春，天然和尚从海云寺前往海幢寺，此时宁隐庵始建。次年一月，吴三桂杀南明永历帝，明朝皇统终结。是年三月，天然和尚释函昰出任海幢寺主持。④这一时期，不少曾经参加反清活动的士绅投于天然和尚门下，以致时人有“十年王谢半为僧”的诗句题于海幢寺壁。⑤

① “天然函昰年表”，载杨权著《广东历代书家研究丛书：天然函昰》，岭南美术出版社 2012 年版，第 126 页。

② 香港中文大学文物馆藏。

③ 姜伯勤：《清初粤西沿海的南明武装》，载向群、万毅编《姜伯勤教授八秩华诞颂寿史学论文集》，广东人民出版社 2019 年版，第 269 页。

④ “天然函昰年表”，载杨权著《广东历代书家研究丛书：天然函昰》，岭南美术出版社 2012 年版，第 128 页。

⑤《海幢寺题壁诗》，载罗天尺编《五山志林》，顺德县志办公室 1986 年，第 105 页。

从中可见，在宁隐庵的建立伊始，正值天然和尚于海幢寺大力收容遗民之时，当时很多逃禅士人举家遁入空门，比如天然和尚的父母、妻、妹、子、媳亦皆入佛门，可以想见周边必然需要一座收容女众的庵堂。宁隐庵的开山祖师为上彻下性师姑，我们尽管无法得知她的俗家姓名及其与当时海幢寺僧的具体联系，但仍可从庵堂世代相传的口述中窥见端倪。据宁隐庵乘正师父讲述，当时上彻下性师姑原本是投奔海幢寺而来，只因她是女众，不便收容，于是给她银两，让她在一旁另起庵堂。①

综上所述，可以推断宁隐庵的始建应与明清鼎革的社会背景密切相关。五枚师太的隐遁尽管只是传说，但不排除曾经的宁隐庵很可能也同海幢寺一样，以慈悲之心庇护过逃禅隐遁的朱明义士或其妻女。明清易代的巨大动乱不仅致使大批士人隐入禅林，而且引发岭南多地的宗族迁徙，两方面的变化共同促进了清初龙导尾乡的人口扩增。

四、清代：海上贸易与宗族开基

龙导尾乡所处的近河区域是城乡联结的枢纽，海上贸易日益繁盛，加之地价相对城内低廉，自明末以来便持续吸引珠三角地区的宗族前来定居。龙导尾今天仍在使用的多处地名，仍保留着最初到此的宗族或郡望之名，比如以周氏郡望命名的汝南巷、以曹氏命名的曹家巷、以麦氏始祖所居南雄府始兴县命名的始兴里（又称“麦巷”）以及以汾阳王郭子仪命名的郭氏汾阳里等（图 2-11），这些地名保留了珍贵的历史信息。更加难能可贵的是，在今天这些老巷深处，仍可寻见一些最初开基的宗族后裔，这让我们可以获知其先祖来自何地何乡。于是我们便顺着这些线索踏上了逆向寻访的回溯之旅，同时综合族谱、地

① 2022 年 8 月 17 日访谈。

方志书、笔记等相关史料，尝试重构龙导尾乡早期移民的历史图景。

图 2-11　现今街道名称所示龙导尾各姓氏分布示意①

1. 东莞怀德乡与邓世昌家族

位于龙导尾乡中心地带东面的邓氏一族，其宗祠所在地是今日的龙凤街道龙涎里 2 号（图 2-12），乃甲午海战英雄邓世昌的家族祠堂，始建于 1834 年，由邓世昌之父邓焕庄（字端甫）所建。祠堂的西侧，即为邓氏家宅。② 十三行潘氏家族诗人潘飞声，世代与邓家邻近，著有《番禺邓氏祠堂碑记》，其中追溯了邓氏一族的祖籍和迁徙情况：

十八世祖仕英府君由东莞怀德乡迁居羊城，十九世晋富府君挈其子积喜府君复迁河南龙尾导乡。嘉庆二十三年隶番禺县茭塘司民籍，税载重岗三十一图六甲。是积喜府君以东莞二十传而为河南始迁祖也。

① 底图为 2023 年 2 月百度地图，姓氏标注为课题组制作。

② 中国人民政治协商会议广州市海珠区委员会编：《海珠改革开放三十年纪事：1979—2008》，2009 年，第 222 页。

积喜府君生子五人。冢子成璋府君，次成开府君，三成生府君，四成意府君，五成兆府君，堂构相成贻我子孙，惟未建宗祠以崇祖德……①

图 2-12　邓氏宗祠今貌②

由此可知，龙导尾邓世昌家族的始迁祖，应为嘉庆年间迁入东莞虎门怀德乡的十九世邓晋富及其子邓积喜。邓积喜五子邓成兆，便是邓世昌的祖父，其子邓端甫，即为邓世昌的父亲。学界最新研究表明，邓成兆、邓端甫父子均曾为珠江口的引水人，是广州一口通商时代最早接触洋商的粤人群体。③邓端甫后任同孚洋行买办，曾在沪开办“祥发源”货运揽载行，兼营茶叶生意，与十三行潘氏关系甚为密切。陈晓平指出：

潘家原来的中文商号“同孚”名称，鸦片战争后被美国商人奥立芬（David Olyphant）所袭用，变成美商同孚洋行（英文名为 Olyphant & Co.）。鸦片战争主要是中英冲突，美国商人服从林则徐的命令，被认为“恭顺”而与英商区别对待；故此，在中英冲突期间，中美贸易

① 潘飞声：《老剑文稿》，载《说剑堂著书》第一册，光绪戊戌仙城药洲刻。

② 摄于 2022 年 8 月 9 日。

③ 程美宝：《水上引水人——16—19 世纪澳门船民的海洋世界》，载《学术研究》2010 年第 4 期。

仍正常进行，美商受到清廷的保护。种种迹象表明，潘家为了保护自身财产，附股于美商同孚洋行，由奥立芬负责经营，潘家退居幕后。邓世昌的父亲邓端甫，在鸦片战争后不久即充当同孚洋行买办。由此看，潘氏家族、美商奥立芬与邓世昌先世，存在着十分密切的联系。[①]

事实上，在密切的经贸合作之外，邓、潘两族还有一种更为深层的亲密关系——姻亲。位于今南华中路231号的海珠老年大学，俗称“潘家大院”，乃18世纪十三行商潘振承第五世孙潘宝珩的宅邸（图2-13）。这是一座建于20世纪初的新古典主义建筑，以露天14级台阶通向大门，方柱券廊模仿“帕拉第奥母题”[②]，室内设精美壁炉，铺柚木地板，至今仍旧美轮美奂，光彩照人。它的女主人，正是邓世昌的胞妹。[③]

图2-13 潘宝珩的宅邸今貌[④]

① 陈晓平:《近人近事探索集》，南京大学出版社2023年版，第16页。

② 帕拉第奥母题（Palladian motive）是由拱券、柱式、壁柱、墙壁等建筑部件构成的一种组合。

③ 陈晓平:《近人近事探索集》，南京大学出版社2023年版，第17页。

④ 摄于2017年9月17日。

邓端甫在沪定居后，便将邓世昌接到上海，入读教会学校，自小熟见西洋物事，反而刺激了邓世昌的家国情怀。于是他没有选择传统的科举道路，而是进入“师夷长技以制夷”的新式洋务学堂——福州船政局附设的求是堂艺局（图 2-14）。邓世昌求学期间，其英文、天文、地理、数学、绘图、测量、驾驶等各科成绩均优秀，受到沈葆桢的青睐和器重。同治十年（1871 年）六月，邓世昌毕业于船政学堂第一届驾驶班，登上“建威”舰见习。①

图 2-14　福州船政学堂开学不久的学员合影，楼上左 6 为邓世昌 ②

1888 年 3 月，邓世昌被正式授职为“致远”号巡洋舰管带。1894 年 8 月，中日甲午海战爆发，邓世昌率“致远”号舰与日军激战，为保护旗舰“定远”号，邓世昌率“致远”号全速撞向日舰“吉野”号，全舰官兵壮烈殉国。③ 值得一提的是，在当时纪念邓世昌的众多挽联中，有一副鲜为人知的挽联来自香港友人韦廷俊，联文曰：“砚席忝论

① 刘传标：《船政人物谱》（上），福建人民出版社 2017 年版，第 220 页。

② 广州市海珠区邓世昌纪念馆藏。

③ 刘传标：《船政人物谱》（上），福建人民出版社 2017 年版，第 223–224 页。

交，羡君膺节钺拥楼船，何期变起狂澜，慷慨至今思将帅；酒杯曾话旧，语我靖边垂攘夷狄，试问谁为砥柱，笑谈早已识英雄。”韦廷俊，又名韦宝珊，乃金庸小说《鹿鼎记》中韦小宝的原型。①

今天邓氏祠堂和部分家宅已辟为“邓世昌纪念馆”暨“海珠博物馆”，并设有专门的院墙围护。我们在实地调研中，经周边街坊告知，在院墙之外的龙涎里2-1号民居，原属邓氏家族产业，但早已易主。侦知这条线索后，我们遂绕该屋周身观测，在东侧墙边与另一建筑交接处，发现一块写着“麦邓宅家墙”的界碑（图2-15），由此可以确认，此宅应系原邓世昌家族产业无疑，是了解龙导尾邓氏及龙凤早期历史的重要史迹，应受到有关部门的重视和保护。

图2-15　龙涎里“麦邓宅家墙”界碑②

2. 深圳宝安麦氏与始兴里

与邓氏相邻而居的麦家所在，曰“始兴里”，又名“麦巷”（图2-16）。前文多次提及的广州市文史馆馆员、海珠区文联顾问麦汉兴先生，曾著有一本《广州河南名园记》，该书编撰小组为其

① 陈晓平：《近人近事探索集》，南京大学出版社2023年版，第19页。

② 摄于2022年8月9日。

所作的跋中，有一句提及麦汉兴家世，曰："麦老世居河南，为龙导尾始兴里（即：麦巷）人，对本土沿革，熟之尤稔。"[①] 从岭南麦氏源流来看，"始兴里"一名应来自南雄府始兴县，此为广东麦氏最初的祖居之地。[②] 那么麦氏一族是否从南雄迁来？

图 2-16　始兴里今貌[③]

因相关史料匮乏，加之麦氏亦无后人可寻，研究一度陷入困局，直到书法名家麦华三与麦汉兴的关系线索偶然浮出："麦汉兴与麦华三是同族堂兄弟……麦华三比麦汉兴大八岁，麦汉兴称麦华三为四哥，麦华三则呼麦汉兴为八弟。"[④] 2022 年 7 月，研究团队又发现了一则番禺石碁镇官涌村宣传麦华三的新闻，报道称"当地村民都会亲切地称呼他为'麦老'"，村里还办有一座专门纪念他的"华三书院"。[⑤] 这是否意味着麦华三就是官涌村人士？假如麦华三、麦汉兴确系堂兄弟，那么龙凤始兴里的麦氏应也来自番禺官涌？

带着这些疑问，于 2022 年 9 月 5 日我们到访番禺石碁镇官涌村，并有幸拜访了麦华三之子麦广生。聊起麦汉兴，他激动地说："这当然

① 《广州市海珠区志》编撰小组编印：《广州河南名园记》，广东省政法管理干部学院 1984 年，第 53 页。

② 广东《麦氏宗谱》之序，清光绪三十四年誊抄本，广东省立中山图书馆藏。

③ 摄于 2022 年 8 月 10 日。

④ 璩龙林：《广东历代书家研究丛书：麦三华》，岭南美术出版社 2012 年版，第 24 页。

⑤ 《番禺石碁：讲好麦华三、黄啸侠传承故事，擦亮"一文一武"文化品牌！》，载微信公众号"番禺区融媒体中心"2022 年 7 月 27 日。

是我叔叔，比亲叔叔还亲！”我们顺势追问，终于得知麦汉兴与麦华三其实并非亲兄弟，亦非堂兄弟，只是同为麦氏，又关系甚密，所以书画界大多以为他们是血缘至亲（图 2-17）。

图 2-17 番禺官涌村华三书院收藏的麦汉兴（左）、麦华三（右）合影①

恰是由于这种“比亲叔叔还亲”的特殊关系，使得麦华三家族内部保留着有关麦汉兴祖籍的清晰信息。据麦广生告知，麦汉兴一族乃从深圳宝安迁来，因此与官涌麦氏的源流不同。这一说法与麦汉兴学生罗国雄在《麦氏世家与画学传承》一文中的叙述完全一致：

旧日河南龙尾道有始兴里，人称麦巷。其初，有麦换亭先生②，粤北始兴县人。乃祖因经商而始迁宝安，后因海禁迁界，反徙番禺河南，建始兴里而定居，祖籍番禺，尝涉足十三行行务。而老先生又精于绘事，故与何翀、古泉居廉最为友善，经常同游共叙，互相切磋，艺更大进。③

① 2022 年 9 月 5 日翻拍于番禺石碁镇官涌村华三书院。

② 亦作麦焕亭，参见广州桐斋同学会编《麦汉兴师生作品集》，广州桐斋同学会 2011 年自印。

③ 罗国雄著，广州市人民政府地方志办公室、广州市海珠区人民政府地方志办公室编：《海上明珠补阙录》，广东人民出版社 2016 年版，第 47 页。

海禁迁界在清初发生过两次，一次是顺治十二年（1655年），另一次是顺治十八年（1661年）①，可见麦氏早在顺治年间就迁入了河南，是龙导尾乡早期的开基宗族之一。至麦焕亭一代，他们也与近河中心的世家大族一样，从事十三行洋务贸易。与麦焕亭经常同游共叙的何翀（1807—1883年），字其鸾，号丹山居士，又号烟桥老人、七十二峰山人等，广东南海镇涌堡烟桥乡人，是19世纪中期活跃于广东画坛的一名职业画家，善花鸟、人物，其突出贡献是率先将晚清广东花鸟画从疏放写意风格转入“居派”撞水撞粉的新画法。②

所谓“居派”，其代表人物指的是19世纪岭南绘画史上以花鸟画见长的居巢（1811—1865年）及其堂弟居廉（1828—1904年），二者均为河南隔山乡人士，合称“二居”。其中，与麦焕亭交往密切的居廉，于1856年自桂林辞幕东归，与居巢在东莞可园充当前广西按察使张敬修门下清客，日夕作画，前后近十年。1865年，居巢逝世，居廉返回番禺河南隔山乡兴建“十香园”，在此广为交友，开馆授学，门下弟子众多，包括后来成为“岭南画派”创始者的高剑父与陈树人，形成了一个影响深远的地方美术群体。③

“十香园”位于河南腹地中心的马涌之畔，距离龙导尾麦巷两三公里。麦焕亭与何翀、居廉的交往，反映了清代河南近河中心与腹地中心在文化上的密切互动④，同时也让我们得以窥见近河世家大族的一些生活风貌——他们一方面从事海上贸易，谙熟西洋语言和风物，另一方面又向往追求着中国传统文士的精神趣味，是穿梭游走于中、外

① 卢美松:《福州通史简编》，福建人民出版社2017年版，第445-446页。

② 郭燕冰:《岭南画库：何翀》，岭南美术出版社2013年版，第24页。

③ 蒋祖缘、方志钦主编:《简明广东史》，广东人民出版社1987年版，第457页；朱万章:《居巢 居廉》，广东人民出版社2010年版，第23-24页。

④ 事实上，腹地中心的世家大族也与近河中心多有联姻，比如麦公敏之妻便是瑶头乡大族蒙氏孙女，参见麦汉兴《记瑶溪蒙氏大拜——续谈清明拜山》，载《桐斋随笔》，广州市海珠区文联、海珠地区炎黄文化研究会1999年自印，第205页。

文化间具有“双重视阈”[①]的特殊群体，因此孕育了一批投身图强求变事业的志士仁人，其中也包括麦焕亭的第六子——即麦汉兴之父麦公敏（图2-18）。

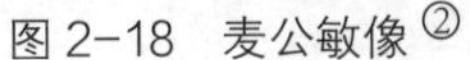

图2-18 麦公敏像[②]

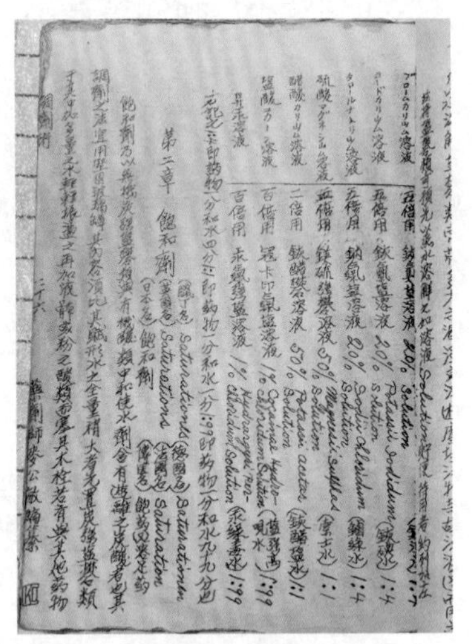

图2-19 麦公敏著《调剂术》内页[③]

麦公敏（1883—1938年），名汝坤，斋曰“竹实桐花馆”，擅绘花鸟、山水，兼通篆刻，又喜爱技击，曾出任广州精武会董事，入新式医药学校就读、研究，造诣精深，著有《毒药学》《调剂术》等（图2-19），通日语、英语及拉丁文。[④]清末曾倡办“自强戒烟会”，助人戒

① 历史学家熊月之最早使用这一概念来描述具有近代思想的香山人士，参见熊月之《“双视野人”与民族觉醒——以香山人在澳门、香港和上海的实践为例》，载《澳门学》2022年第1期。

② 武洹宇私人收藏。

③ 广州公益慈善书院藏本，该书无封面，出版年月不详，末页有“涤非钟国安书版，于广东医学专门学校，十七,五,十二，附印”字样。

④ 郑春霆：《岭南近代画人传略》，香港广雅社1987年版，第151-153页；黄大德：《清末广东美术记事（1900—1911）》，载《黄大德集》，花城出版社2014年版，第362页。

除鸦片；[1]1904年，又与志士潘达微、梁培基一起倡办赞育善社，赠医施药，并专聘“女医生施赠西医法接生，不取分文”[2]。活跃其中的女医是当时少见的一群拥有西学知识的职业女性，她们有着独立的经济来源和新式的思想观念；她们热衷公共事务并发表政见，赞育善社因此不仅是广东较早倡导西医接生的国人自办机构，同时也成为推广西医、女学等新式技术和观念的革新之所。辛亥革命时期，同盟会员兼赞育善社发起人潘达微还曾以赞育善社名义为革命筹款[3]，因此，赞育善社“虽曰慈善团体，而实则革命机关也……”[4]（图2-20）

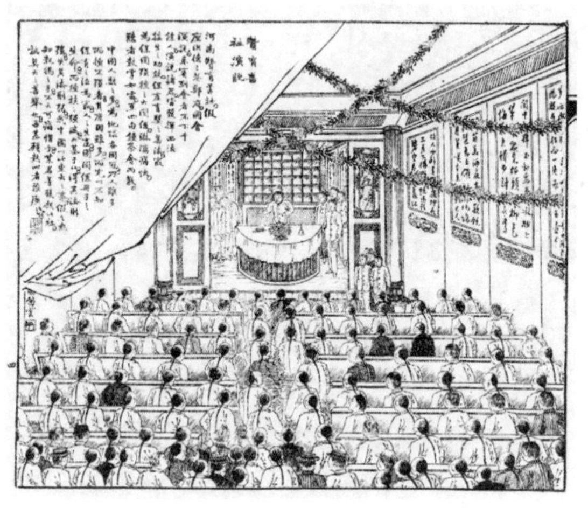

图2-20　1907年赞育善社演说漫画[5]

民国成立以后，麦公敏仍主理赞育善社，直到抗战时期广州沦陷，他前往澳门避难，途中遇劫，于是转道香港。麦公敏有五子，分别为

① 罗国雄著，广州市人民政府地方志办公室、广州市海珠区人民政府地方志办公室编：《海上明珠补阙录》，广东人民出版社2016年版，第47页。

②《赞育善社接生广告》，载《时事画报》1905年第3期。

③ 黄大德：《潘达微年表》，载广东省政协文史委员会、广东省美术馆编《魂系黄花：纪念潘达微诞辰一百二十周年》，广东人民出版社2001年版，第258页。

④ 郑春霆：《岭南近代画人传略》，香港广雅社1987年版，第135页。

⑤《时事画报》1907年第11期。

汉坚、汉生、汉苏、汉永和汉兴，除幼子汉兴外，其余四子当时皆随军抗日，一时消息阻隔，不知生死，麦公敏忧思成疾，于 1938 年殁于香港九龙广华医院，年仅 56 岁。时至抗战胜利，随军四子中，仅汉永生还，其余三子全部为国捐躯。①

麦公敏的五位儿子皆在艺术方面涵养非凡，人称“艺林麦家五汉”。其中，麦汉永（图 2-21）与父亲一样精于西医，毕业于广东医学专门学校②，曾任广州大学校医，并于市内开业行医，抗战期间任陆军暂编第八师医务主管③，同时擅绘花鸟，尤精竹刻金石，得名家关竹溪刀法真传，以致日本人曾斥巨资购藏其画，陈展于东京博物院中。④

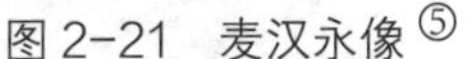

图 2-21 麦汉永像⑤

图 2-22 麦汉兴像⑥

麦汉兴（图 2-22）则于 1945 年毕业于广州大学文学系，后“长期从事对文史之收集研究，特别注重调查考据，识深见广。日军投降后，

① 罗国雄著，广州市人民政府地方志办公室、广州市海珠区人民政府地方志办公室编：《海上明珠补阙录》，广东人民出版社 2016 年版，第 47–48 页。

② 谢文勇编：《广东画人录》，岭南美术出版社 1985 年版，第 122 页。

③ 乔晓军编著：《中国美术家人名辞典 补遗二编》，三秦出版社 2007 年版，第 286 页。

④ 罗国雄著，广州市人民政府地方志办公室、广州市海珠区人民政府地方志办公室编：《海上明珠补阙录》，广东人民出版社 2016 年版，第 48 页。

⑤ 郭燕冰：《清末岭南花鸟画家何翀交游考》，载《美术学报》2012 年第 5 期，第 82–89 页。

⑥《南武摄影集（十一）：南武人物》，年代不详，广东省立中山图书馆藏。

历任南武小学校长及在南武等中学任教”①。其亦精于书画，早年师承李寿庵，又与李野屋等岭南画派人士交往从密，深得“二居”真传（图2-23、图2-24）。②新中国成立初期，麦汉兴与胡根天、方人定、黄鼎苹、关山月、黎雄才、麦汉永、彭素文等人合力创作大尺幅画卷《喜得解放又丰年》（现藏于国家博物馆）。与此同时，麦汉兴还博览群书，雅好古籍、篆刻、诗词及地方历史，著有《翰云楼印存》《桐斋题画诗》《广州河南名园记》《桐斋随笔》等。麦汉兴一生淡泊名利，热心公益。自20世纪50年代起，他在其书室“小桐花馆”设帐授徒，教授国画，免收学费，学有所成者众多。（图2-25）③

图2-23　麦汉兴《花果飘香》④

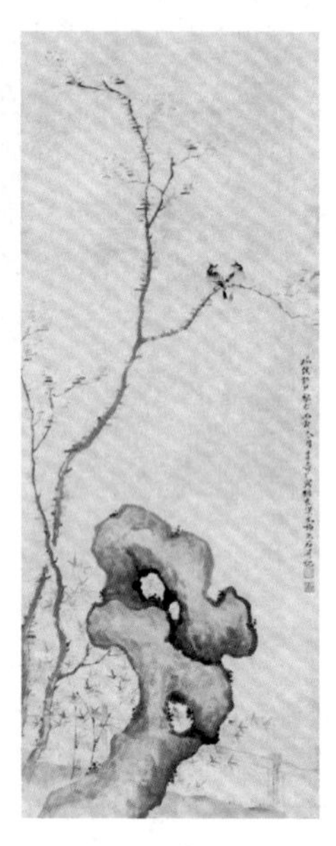

图2-24　麦汉永、李寿庵《好鸟枝头亦朋友》⑤

①《广州市海珠区志》编撰小组编印：《广州河南名园记》，广东省政法管理干部学院1984年，第53页。

②③④ 广州桐斋同学会编：《麦汉兴师生作品集》，广州桐斋同学会2011年。

⑤ 李寿庵：《李寿庵书画篆刻作品集——纪念李寿庵诞辰一百二十周年》，岭南美术出版社2016年版。

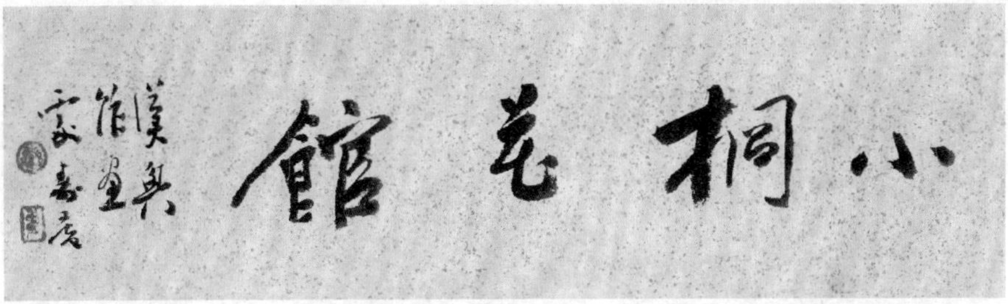

图 2-25 李寿庵题麦汉兴画室“小桐花馆”[1]

改革开放后，麦汉兴发起成立“南雪金石书画会”与“二龙诗书画研究会”，并亲任会长。同时他活跃于海珠文坛，曾任海珠区第八、第九、第十届人大代表，海珠区文联副主席、顾问，海珠区地方志学会顾问和广州市文史研究馆馆员。在今天龙凤的街头巷陌，仍随处可见他的文化贡献，比如其亲题的“仙桂遗址”和“重修状元井碑记”，以及位于天庆里一号冯家大院外长达 15.9 米、宽 1.8 米的巨幅瓷砖画《二龙古街沐春风》。[2]

此外，麦汉兴还经常以捐赠书画的形式投身抗震与抗洪救灾、扶贫、敬老、助残、教育等各项公益慈善事业，曾获“广州市文明市民”称号。2000 年 1 月，麦汉兴在广州病逝。桐斋学子为纪念恩师，自发在越秀区龙津西路设麦汉兴纪念馆（图 2-26），并编印出版《麦汉兴师生作品集》。[3]

---

① 李寿庵:《李寿庵书画篆刻作品集——纪念李寿庵诞辰一百二十周年》，岭南美术出版社 2016 年版。

②《二龙古街沐春风》创作于 1992 年冬，由麦汉兴作指导，桐斋弟子邹锐澄、范锦海等 5 人合绘，时任二龙街文化站站长的范锦泉的哥哥负责其中的花卉创作，并由著名书法家周树坚题词。

③ 广州桐斋同学会编:《麦汉兴师生作品集》，广州桐斋同学会 2011 年。

图 2-26　龙津西路麦汉兴纪念馆[①]

3. 赵兰桂堂与陈家直街

与始兴里麦氏相连的一条长巷，名“陈家直街”（图 2-27）。最初开发此地的陈氏家族早已四散，几乎无迹可寻。[②] 2023 年 2 月 22 日，课题组在访谈广彩世家赵兰桂堂第四代传人赵艺明夫妇时，偶然得知“陈家直街”之“陈家”，在清代也是声名显赫的广彩家族。同治二年（1863 年），赵家从事广彩的第一代赵松新，便是因为迎娶了陈家的女儿陈妹，才专门购买名额加入广彩行会“灵思堂”，并在龙导尾陈家直街之旁，创立赵兰桂堂，传承至今 160 余年不曾间断，成为广州现存历史最为悠久的一个广彩作坊。[③]

---

① 摄于 2022 年 9 月 6 日。

② 据马文晋考证陈家直六横和七横之间曾有陈家厅，约乾隆年间建成。

③ 根据 2023 年 2 月 22 日与赵艺明、冯瑞华两位老师的访谈。

图 2-27　陈家直街今貌①

赵兰桂堂第二代传人赵威生于同治十二年（1873 年）（图 2-28）。遵循行会父子相传的传统，赵威从小就学习广彩制作，至光绪年间从业，通饭货、仿古和洋装货②。当时广彩行会灵思堂的生产工人已多达 3000 人。③ 垄断了广彩生产的灵思堂，一方面保障了行业的相对平稳，另一方面也因其严苛规定而对广彩艺人产生诸多掣肘。④ 赵威为人硬直，不惯有求于手握大量订单资源的大厂发货员，宁愿与较为灵活的中间人交接，也因此生意时好时坏。后遇时局动荡、行业萧条，又

---

① 拍摄于 2023 年 3 月 3 日。

② 即生活用品、仿制古董和西洋风格的瓷器。

③ 广东省二轻厅编志办公室编著：《广东省志 · 二轻（手）工业》，广东人民出版社 1995 年版，第 232 页。

④ 蔡鸿生：《广州匠图志》，广东人民出版社 2019 年版，第 104–106 页。

碍于行会行规对场地、工人工钱等的严格限制，赵家无单可接、无工可做，最终被迫转行。①

图 2-28　赵兰桂堂第二代传人赵威②

第三代传人赵国垣，字士洪，生于 1925 年，同样从小对广彩制作耳濡目染，不仅跟随家中长辈学艺（其母亲也是广彩艺人），亦常经父亲引荐向同街其他著名艺人讨教，如叶福、夏义等。赵国垣从小敏学好思，常画图稿作为参考资料，至 20 世纪 60 年代他已积累了 300 多幅图稿，并转交给广彩工作技术战备档案资料保存，可惜后来毁于一旦。由于幼时家境不好，赵国垣 13 岁才进小学读书，年少的他白天读书、晚上学艺，偶还需做零工、小贩以补贴家用。③

战争年代，赵兰桂堂的生意时续时断，经营艰难，但这也让赵国垣不得不适应熟习各式彩法，广彩技艺得到了很好的锻炼。1946 年，广彩恢复生产，赵国垣已成长为一位成熟的广彩艺人。④然而好景不长，为了谋生，1948 年，赵国垣转到香港亚洲陶瓷厂工作。

---

① 赵国垣：《我的工作回顾》，载广州民间工艺博物馆编《赵国垣广彩论稿》，岭南美术出版社 2008 年版，第 3–4 页。

② 曾应枫、李焕真编：《织金彩瓷 广彩工艺》，广东教育出版社 2013 年版，第 180 页。

③ 赵国垣：《我的工作回顾》，载广州民间工艺博物馆编《赵国垣广彩论稿》，岭南美术出版社 2008 年版，第 6 页。

④ 赵艺明：《记广彩赵兰桂堂今夕》，载广州市政协学习和文史资料委员会编《广州文史第 73 辑（广东民间工艺史料专辑）》，广州出版社 2010 年版，第 96 页。

虽然身在香港，赵国垣仍然心系故土。新中国成立后，赵国垣响应周恩来总理对海外技术人员的号召，连同来自著名的义顺瓷庄的广彩艺人司徒福先后给河南区手工艺联社、广州市人民政府写信，介绍广彩的历史工艺和市场情况。1955 年 12 月，广州陶瓷出口公司主动联络赵国垣，邀请其加入研究恢复广彩生产事宜。次年，赵国垣组织广州方面的广彩工人、与港澳回流的同业者共 60 余人，创办了广彩加工厂（图 2-29）。1957 年夏天，已中断八年之久的广州彩瓷生产终于得以恢复。

图 2-29　1956 年广彩加工厂生产车间[①]

赵国垣一生为广彩事业立下了汗马功劳，他不仅组织生产，还长期活跃在技术、研究一线（图 2-30），由其口述、手稿整理而成的《赵国垣广彩论稿》被称为“广彩行业发展最为重要的直接记录和观察

① 广州民间工艺博物馆藏。

论述文献之一”[②]。而赵国垣本人技艺精湛而且全面，独特的成长和学习经历让他成为广彩技艺的集大成者，人物、花卉、鸟兽、山水绘功均极出色，尤擅人物，因此被同行尊为“人王”。赵国垣亦是一位高产的艺人，代表作有汉宫秋月彩盘、描金凸彩九狮图彩盘、大观园花篮瓶等（图 2-31）。他还获得了多个荣誉称号，包括 1988 年获得的“中国工艺美术大师”称号。[③]

图 2-30　赵国垣（左一）与同仁讨论广彩技艺[①]

图 2-31　赵国垣作品：绘广州风景图瓷碟、描金凸彩九狮图彩盘[④]

① 广州民间工艺博物馆编：《赵国垣广彩论稿》，岭南美术出版社 2008 年版，彩版。照片标题为《切磋》，赵国垣位于左一，左二的司徒宁、左三的区立勤同是著名广彩艺人。

② 卜松竹：《画这个瓶的那位老匠人 留下了对广彩极重要的一部书》，广州日报全媒体账号，2022 年 11 月 7 日。

③ 许珺茹：《广彩情西关情——记我父亲许恩福》，载广州市荔湾区政协文史资料研究委员会编《荔湾文史》第 9 辑，第 272 页。

④ 广州民间工艺博物馆藏，感谢冯瑞华女士提供图片。

赵国垣育有六名子女，其中有三名子女（二女一子）传承了广彩工艺。1992 年起，幼子赵艺明与妻子冯瑞华、三女儿赵桂贞重新将赵兰桂堂的牌子挂起，延续祖辈的百年遗产。[①]2008 年，广彩被列入国家级非物质文化遗产名录。[②]2013 年，广彩（赵兰桂堂）入选省级非遗代表性名录。[③]

4. 佛山奇槎乡周氏与汝南巷

在龙凤老街旧巷开展调研的日子，有一个难忘的下午——我们在汝南巷深处的一座老宅里，意外见到了麦汉兴赠予屋主的一组中堂挂画。位于中央的墨彩内容是瓶花与盆景，两侧堂联曰："炳洽春园花凤舞，鉴怡艺圃树龙腾。"联文首字巧妙地植入了屋主之名：炳鉴。

邂逅炳鉴老先生的那一刻，他正立于汝南巷内，用钥匙开启一扇带有"周宅自墙"字样墙界的院墙铁门（图 2-32）。因汝南乃周氏郡望，所以"周宅"主人的家族很有可能是汝南巷的开发者。于是我们便与老先生攀谈起来，这才得知眼前的这位周老原来是著名的广东省岭南盆景技艺非物质文化遗产传承人周炳鉴，其家族正是汝南巷的开发者，来自佛山奇槎村。[④]

图 2-32 汝南巷周氏祖宅墙界[⑤]

① 曾应枫、李焕真编：《织金彩瓷 广彩工艺》，广东教育出版社 2013 年版，第 178、179 页。

② 广州市文化馆编：《广州市非物质文化遗产名录图典》，广州出版社 2019 年版，第 258 页。

③《海珠年鉴》编纂委员会编：《海珠年鉴》，广东经济出版社 2014 年版，第 167 页。

④ 2022 年 7 月 20 日龙凤街道田野调查。

⑤ 摄于 2022 年 7 月 20 日龙凤街道汝南巷。

2022 年 6 月 8 日，我们到访奇槎村（图 2-33）。这是一个单姓村落，本地村民九成姓周。村委也表示一直知道河南这边的汝南巷是同村亲眷，但也是隔了数代未曾联系。至于最早是哪位先祖在何时迁到龙导尾，周老与村委都没有线索，但至少在周老祖父一辈就已生活在汝南巷，现汝南巷内的大部分房产亦属周氏后人所有。

图 2-33　佛山奇槎村乐畦周公祠[①]

带有“周宅自墙”字样的院墙之内，原是周氏祖宅，亦是炳鉴先生出生、长大的地方，而今因屋旧坍塌，院子干脆用来安置盆景植栽。炳鉴夫妇居于汝南巷内，每天都会回到祖宅照拂花木。听闻我们是为历史研究而来，他便带着我们走到重重叠叠的花木深处，指着一块写有“汝南”二字的古老石匾（图 2-34）（隶书，字体宽博朴茂），对我们说：“这才是汝南巷原来的石匾，我看到丢在路边都没人理，就捡回来存放着。”

① 摄于 2022 年 6 月 8 日。

图 2-34 周炳鉴藏汝南巷老石匾[①]

周老祖父名为周文高，曾经营泰源茶庄，茶叶出口印度，家境富庶。周文高生子周溪，周溪又有五子——长、次、三子均早亡，四子即炳鉴，五子炳堂。周老告知自己母亲曾将五兄弟的姓名带回老家，于是我们将周老祖孙三代的名字与奇槎《周氏族谱》进行比对，暂时没有发现能够对得上的人物，可能是族谱没有记载，也可能是谱名与周老所知的祖辈名字写法相异。

周炳鉴先生生于 1936 年，一生居于汝南巷。当时这一带的街坊邻里，有不少都喜爱盆栽、盆景，炳鉴自小亦深受影响，喜好花木。抗战爆发以后，周家的茶叶出口一度中断，导致家道中落，于是他靠着助学金勤奋苦读，并于 1958 年考入中南科技学院夜校部，学习工业企业电器化，同时开始跟随仁和四巷的街坊孔锡华[②]学习盆景，还经常与同道前往海幢寺参观岭南盆景宗师素仁和尚及其徒弟们的盆景作品。[③]

① 摄于 2022 年 7 月 20 日。

② 孔锡华是盆景大师孔泰初的哥哥。孔泰初（1903—1985 年），又名少岳，祖籍番禺，曾任广东园林学会理事、广州盆景协会副会长、广州市园林局园艺师。

③ 周炳鉴自述，2022 年 8 月至 2023 年 1 月。

潜心专研二十余年，周炳鉴的盆景作品逐渐获得多方认可。1986年，英女王伊丽莎白二世访问广州，至流花西苑参观盆景展览，周炳鉴的作品被摆放在入口最显眼的位置。同时，他还作为陪同人员之一，为英女王随行人员提出的相关技术问题做出解答。①

这一时期，周炳鉴以其代表作“红果王”一鸣惊人、享誉业界。这株“红果”原是清末传教士从南美洲引入岭南大学的外来植物，每年5月结出红果，周炳鉴在它身上全面践行并发展了岭南盆景的丰富技艺，熟练运用植物生长与挂果原理，首创“反季节挂果”技术，让其成功反季节挂果。② 1989年10月，一米高的红果树像被施了魔术一样，在本不能结果的月份满载红果，喜迎祖国40年华诞，并以《万家红火迎国庆》之名荣获国庆40周年盆景艺术一等奖，被国家档案馆拍摄记录做永久收藏。（图2-35）

图2-35　在周氏祖宅院子里的广东省岭南盆景技艺非遗传承人周炳鉴先生③

① 林梦建：《岭南盆景：风俗家家九里香》，载《信息时报》2013年7月8日A24版。

② 传承人周炳鉴简介，见广东省文化馆官网（http://www.gdsqyg.com/agdfyzg/chuanchengreninfo?suorid=2018041945163087）。

③ 摄于2022年7月20日龙凤街道汝南巷。

从龙凤走出的盆景大师，也在用毕生所学回馈故里。海幢寺的盆景宗师素仁和尚圆寂于1962年，此后素仁盆景迅速式微。自小观摩素仁风格的周炳鉴，一直有志于恢复海幢寺的素仁盆景。在他的努力下，自2012年春节至今，海幢寺重新展出了近百盆素仁盆景，供市民游客观览赏鉴。①

在海幢寺外，周炳鉴还以自己的方式为纪念民族英雄邓世昌做出卓越贡献。如前所述，邓世昌纪念馆为原邓氏祠堂和部分家宅，馆内庭院之中，有一棵声名远播的邓世昌手植苹婆树（图2-36），不仅寄托了邓氏家族数辈人的亲切记忆，而且承载了近代以来无数爱国人士缅怀民族英雄的深情厚谊。

图2-36　邓氏家族老照片中的苹婆树②

1991年，这棵珍贵的苹婆树遭遇台风被刮断了，只剩一桩焦黑树头，当时很多街坊看后，倍感惋惜，也包括住在附近的周炳鉴。“我将

① 林梦建：《岭南盆景：风俗家家九里香》，载《信息时报》2013年7月8日A24版。
② 邓氏后人家藏。

地上一根约有汽水瓶粗的断枝带回家，琢磨有没有可能将它养活”，周炳鉴回忆道，当时自己用高锰酸钾稀释水溶液为断枝消毒，再于断枝锯口处涂上催根溶液，插在基质当中悉心栽培。经过近三年的精心养护，曾经焦黑的苹婆断枝长成了一株茁壮的小苹婆树，还结出了两个果实。

1994 年，邓世昌纪念馆成立。周炳鉴将这株苹婆盆景赠予邓世昌家族后人邓敏扬作为纪念。邓敏扬的女儿邓红霞曾对记者说：“我爸爸收到周老师送的这株苹婆盆景，真是很欢喜很激动，当宝贝一样。但是他思前想后，觉得这么有意义的一株树不能自己私藏，于是就决定将它移栽到东郊公园邓世昌衣冠冢前。”

与此同时，周炳鉴还精心培育苹婆断枝生发的其他 4 株子树，目前有 3 株就养育在邓世昌纪念馆内，年年开花，还有 1 株养育在邓世昌纪念小学校园中，作为小学生们的“立志树”。

2002 年，创建甲午战争博物馆的戚俊杰馆长专程来到广州邓世昌纪念馆，将周炳鉴培育的一株盆景子树带回北洋水师曾经的基地刘公岛。由于盆景树体积大，一般不允许带上飞机，但当航空公司得知它是民族英雄邓世昌的“遗物”时，专门为此做了特殊安排，小苹婆树就这样顺利搭乘飞机到了山东威海，栽种于刘公岛甲午战争博物馆。[①] 如今，在邓世昌纪念馆的院落亭廊，随处可见周炳鉴各色各样的盆景作品，它们与百年苹婆树重生的传奇一起，见证着一位耄耋老者厚植爱国精神、夜以继日地身体力行的故事。（图 2-37）即使只从周炳鉴的祖辈开

图 2-37　现今邓世昌纪念馆内的两株百年苹婆子树盆景 [②]

① 廖靖文：《邓世昌亲手种下这棵“英雄树”》，载《广州日报》2022 年 5 月 22 日 A5 版。

② 摄于 2023 年 1 月 26 日。

始算起，汝南巷的这支周氏也在龙导尾乡与邓世昌家族做了百余年的近邻，街坊邻里的深情厚谊与跨越世纪的家国热血在阳光照耀的苹婆枝叶间静静流转，生生不息。

5. 顺德桃村曹氏与曹家巷

在今天状元井的一侧，有两条以“曹家”命名的小巷，曰“曹家一巷”和“曹家二巷”。课题负责人在 2021 年进行的另一项研究中，曾到访顺德北滘镇桃村，意外得知状元井这支曹氏的具体来源。经主持修撰《广东顺德桃村永思堂曹氏族谱》的曹树潮先生告知，广州河南状元井旁的曹家诸巷，正是清代桃村曹氏的迁徙地之一（图 2-38）。

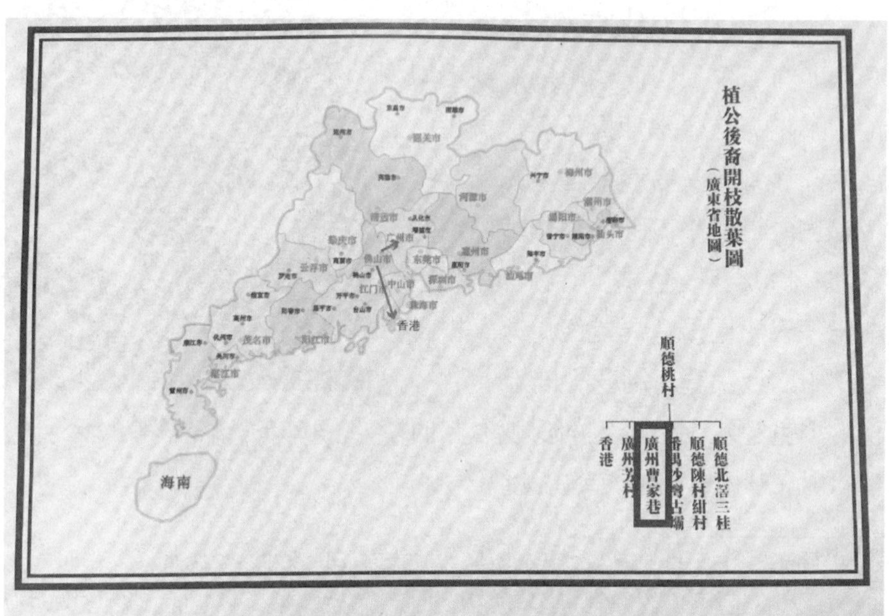

图 2-38 《广东顺德桃村永思堂曹氏族谱》所载曹家巷①

① 广东顺德桃村永思堂编：《曹氏族谱》，2013 年自印。该谱蒙曹树潮先生惠赠，同时曹树潮先生还提供多条重要历史线索，特此致谢！

这是一个跨地域发展的名门望族。从课题组掌握的情况来看，清代顺德曹氏实际有三种不同来源的房支，分别是：桃村房、南水房和白藤房（新中国成立后划归江门市蓬江区荷塘镇），如今三房均无完整族谱。从乾隆二十二年（1757 年）重修广州曹氏先贤祠的捐款情况来看，桃村房捐款高达三百三十两白银，而南水、白藤两房分别只捐二十二两，可见经济实力之悬殊。① 同治十三年（1874 年），中国历史上最早的官派留学生——第三批留美幼童启航远行，其中曹嘉祥、曹嘉爵即出自顺德桃村房。② 曹嘉爵留美期间不幸亡故（图 2-39）。曹嘉祥则先后进入华文学校和圣克劳大学学习（图 2-40），1881 年回国后，又入天津水师学堂继续深造，毕业后供职于北洋海军，历任“镇远”铁甲舰枪炮大副、烟台水师提督署提调、北洋海军兵备处一等参事官等职，1894 年参加中日甲午海战，在作战中负伤多处。1902 年，曹嘉祥以钦加副将军衔出任天津巡警总局首任总办，被誉为“中国近代警察制度的创始人”③。他的成就也从另一个侧面反映了当时桃村房在顺德曹氏中的突出地位。

图 2-39　曹嘉爵墓地今景 ④

---

① 广东顺德桃村永思堂编：《曹氏族谱》，2013 年自印，第 228–229 页。

② 曹嘉祥、曹嘉爵在留学档案上登记为广东顺德横圩村人，“横圩村”为顺德桃村旧称，亦作“横岸村”。参见“游美留学同人姓名录”，李恩富著、唐绍明译《我的中国童年》，载珠海市委宣传部编《容闳与留美幼童研究》第三册，珠海出版社 2006 年版，第 72–73 页。

③ 陈予欢编：《民国广东将领志》，广州出版社 1994 年版，第 369 页；井振武编：《留美幼童与天津》，天津人民出版社 2016 年版，第 127–130 页。

④ 墓地名称为 Spring Grove Cemetery, 其中曹嘉爵名字记录为 Kia Cheou Tsao, 顺德桃村曹氏北美宗亲提供。

图 2-40　曹嘉祥像①

近年来大量研究表明，大批类似桃村曹氏这样在鸦片战争前后便具有“双重视阈”②的洋务、买办、华侨家族子弟，在清末民初之际投身各种变革活动，其中就包括维新志士曹有成。据夏晓虹考证，“曹有成（1884—1927 年），字驾欧，号履冰，广东顺德人。清末或曾赴日留学，做过广州《时敏报》主笔。民国后，先后任沪北工巡捐局局长，浙江武康、平湖、龙游县知事（其中平湖为两任）等”③。夏晓虹是研究近代妇女问题的著名学者，她之所以会对曹有成的生平进行考证，是因为曹有成之妻杜清持不仅是中国近代女性解放运动的先驱，而且是广东最早的国人自办女学的创始人之一。

据冯自由记载，广东的国人自办女学，始于 1902 年杜清持在西关创办的女学堂（图 2-41）和女医张竹君在河南创办的育贤女学，当时《岭海报》甚至将二者进行对比，发表了“杜清持程度优于张竹君”的论断。④时至 1903 年，仍是“各省女学堂未兴，惟上海、广东有之”⑤。迟至 1907 年，清廷学部才颁行《奏定女子学堂章程》，可见杜清持的办学意识远远超前，不仅在岭南独树一帜，即使放眼全国，也是破天荒的创举。

---

① 顺德桃村曹氏宗亲提供。

② 熊月之：《“双视野人”与民族觉醒——以香山人在澳门、香港和上海的实践为例》，载《澳门学》2022 年第 1 期。

③ 夏晓虹：《晚清戏曲中的“新女儿”——三篇传奇内外的人物》，载《中华文史论丛》2020 年第 2 期。

④ 冯自由：《革命逸史》第 2 集，中华书局 1981 年版，第 39 页。

⑤ 上海《女学报》1903 年第 2 期。

图 2–41　杜清持所办广东女学堂学生合影 ①

在良家女性尚不允许独自出门的晚清时代，经常登台演讲、发表论说，甚至创办女校的杜清持，无疑与传统世界对女性角色的规约产生诸多抵牾，以致两广学务处直接斥责曹有成“竟纵容妻子作此等不正行为”②，大有查封学堂之势。面对这种形势，曹氏不仅没有责怪妻子，而且从始至终鼎力支持，还将自己主编的《时敏报》作为杜氏开办女学、宣传女子权益的言论阵地。③

杜清持出身于世居省城南郭的仕宦大族“城南杜氏”，其父是被时人誉为“南中吏才第一”的杜仙裳。杜仙裳历署浔州府武宣县事、柳

① 私人收藏。

② 移风女士：《倡办广东女学之回忆》，载《紫罗兰》1929 年第 4 期第 11 号。

③ 武洹宇：《多维社会资本交融与近代女性公益组织的生发——以清末广州“公益女学堂”为例》，载《浙江工商大学学报》2022 年第 5 期，第 30–40 页。

州府融县事、桂林府盐运水利同知事、浔州桂平县事等职，还曾援剿越南边匪、督办蒙江厘务、筹办直隶天津赈捐，1893年奉旨赏顶戴花翎，1894年获广西候补知州，1895年卒于任上。[①]因此，能够迎娶“南中吏才第一”之女的曹有成，只可能出自当时顺德曹氏中最为强盛的桃村房。作为桃村宗亲在广州的活动基地，状元井边的曹家诸巷必然是曹有成、杜清持夫妇经常到访之地，甚至很可能是曹有成婚前的居住之所。那么桃村曹氏是何时迁来龙导尾的?

在将军庙道光二十年（1840年）的“古庙碑记”中，罗列有当时居于西约的人士的捐款名录，其中便有“曹福庆堂”。课题负责人在顺德北滘桃村同治七年（1868年）所立的“重建文武二帝庙碑记”中，亦见到“福庆堂”的捐款[②]，因此桃村曹氏至少在清中期时已有族人迁居广州河南，居于龙导尾西约。据曹树潮先生告知，晚清桃村曹氏在广州势力颇大，物业远不止今曹家一、二巷的范围，可惜后来社会动荡，加上抗战时期兵荒马乱，导致宗亲四散。在1940年的《中山日报》上亦有一份龙导尾乡曹福庆堂田产易主的报道（图2-42），可知20世纪40年代这一堂号仍在使用，且当时“南海三区鹤园埠”曾有“曹家山”为该堂族产。

图2-42 曹福庆堂田产买卖报道[③]

①《城南杜氏家谱》第三卷。

② 广东顺德桃村永思堂编：《曹氏族谱》，2013年自印，第218页。

③《中山日报》1940年7月19日，经友人马文晋先生帮忙查得，特此致谢！

时至民国，曹家诸巷依然是桃村宗亲在广州安身立命的重要居所（图 2-43），并在此开枝散叶，与近河中心涌现的一系列重要人物、机构和事件产生了千丝万缕的联系。据曹树潮先生提供的另一宗亲——世居曹家一巷 5 号的曹孟强所著《我的自传》中忆述：

图 2-43　曹家二巷今貌[②]

我出生在一个书香世代的家庭，我的父亲（继珠公）是晚清最后一届的举人，他曾在江苏省内做过一任知县。所以我的母亲也是苏州人士。他退休后便回到广州河南状元井曹家巷内设馆教学，可惜当我六岁的时候，他便去世，一个弟弟，大姊曹若兰许配了前清翰林太史（名孔殷又加名霞）的第三子江叔颖，她生了很多儿女，其中一个女儿（江端仪）就是粤剧和电影已故的明星艺名“梅绮”（图 2-44），她在多年前弃影艺专事基督教传道工作，她曾在台湾及东南亚等地传道，轰动一时，可惜因患喉癌英年早逝。我的二姊曹慧仪她在法国韬美医院医科毕业后，在广州河南红十字会任职医师，自从父亲过世，她便将我俩兄弟送进南武附属小学读书……[①]

图 2-44　曹若兰之女“梅绮”像两帧[③]

① 曹孟强：《我的自传》，顺德桃村宗亲曹树潮先生提供。

② 摄于 2022 年 8 月 10 日。

③ 私人收藏。

曹孟强大姐曹若兰所嫁的江叔颖，其祖父乃号称“江百万”的巨富茶商江清泉，其父江孔殷（时称“江太史”）更是广东近代史上赫赫有名的历史人物。江孔殷早年师从康有为，曾于1895年参加过“公车上书”，并于1903年的最后一届科举中高中进士，进入翰林院。因古称“翰林”为“太史”，“江太史”自此得名。1904年，江孔殷在同德里兴建官邸“太史第”，跨同德里、龙溪首约、同德横街及同德新街四条街。江孔殷孙女江献珠曾回忆：“先祖养兰凡120种，书斋名‘百二兰斋’。”[①] 1906年，江孔殷出任两广清乡督办，成为广东政坛上举足轻重的实力派人物。黄花岗起义失败后，江孔殷帮助同盟会人士潘达微在政界斡旋，最终联合善堂义葬七十二烈士遗骸于黄花岗上。武昌起义爆发之后，他参与劝服两广总督张鸣岐，促成广东接受共和。[②]

二姊曹慧仪所任职的中国红十字会广州河南分会，成立于1904年3月，最初名为“粤东赤十字社”，由商人邓倬卿和女医张竹君主事。后张竹君赴沪发展，该社由马达臣、伍汉持接手，二人均为革命党人。[③] 同一时期的南武公学由革命人士何剑吴担任校长，前述义葬黄花岗七十二烈士的潘达微亦于南武执教。[④] 由此可见，曹慧仪将弟弟孟强送入南武就读，除了就近方便，还基于这些机构之间早在晚清就已经奠定的深度关系。1920年，曹慧仪因随站救护，荣获广东军政府颁发的三等嘉禾章，时任中国红十字会广州河南分会的会长谢英伯[⑤] 亦是当年与马达臣、潘达微等人密切共事的革命战友。曹慧仪的丈夫陆如初

---

① 江献珠：《钟鸣鼎食之家：兰斋旧事与南海十三郎》，广东教育出版社2010年版，第104页。

② 江沛扬：《逝水流年》，家政报社2006年编印，第52–54页。

③ 陈晓平：《孙中山、宋庆龄与“粤东赤十字会”》，载《作家文摘》2021年第4期。

④ 武洹宇：《公益网络与国家转型——对晚清慈善家潘达微的历史社会学研究》，载《学术研究》2020年第1期，第60–67页。

⑤《公文：内政部陈核广东督军请奖红十字会会员赵恒轩等一案应予分别给章文》，载《军政府公报》1920年修字182号。

（亦作陆如磋）[①]，同样供职于中国红十字会广州河南分会[②]。1916年，陆如初成为广州红十字分会会长，一家人就居住在今龙凤街道的龙福东一巷4号，曹慧仪还曾在此开办公益性质的接生院，此地距曹家巷仅300多米。（图2-45）[③]

图2-45　曹慧仪、陆如初故居今貌[④]

据曹家巷宗亲告知，曹慧仪乃陆氏填房。在一次接生中，她收养女婴一名，取名陆广慈，同时还养育了陆氏原配所出的儿子陆斯仑。陆广慈承继母业，在广州市海珠区联合医院任护士，晚年居于芳村。[⑤]陆斯仑又名陆奇峰，是昆仑照相馆的创始人。这是老广州人几乎都知道的一家老牌照相馆（图2-46），早期位于西濠二马路25号，面积40平方米，业务“仅有黑白人像摄影、冲洗放大，兼零售少量黑白胶卷。1958年，与‘远东’‘大金龙’两间摄影店合并，迁到人民南路19号

---

① 广东顺德桃村永思堂编:《曹氏族谱》，2013年自印。

②《公文：内政部陈核广东督军请奖红十字会会员赵恒轩等一案应予分别给章文》，载《军政府公报》1920年修字182号。

③ 广州市红十字会医院内部资料。

④ 摄于2023年2月22日。

⑤ 2023年9月3日曹仲强后人访谈。

扩大经营，营业场地面积 250 平方米，成为广州市摄影行业的名店。‘文革’期间一度易名为‘人民摄影店’。1972 年复用原名”[①]。

图 2-46　20 世纪 90 年代后期的昆仑照相馆[②]

《我的自传》作者曹孟强，为继珠公长子，生于 1910 年，自南武毕业后，考入国立中山大学法科政治系就读，成绩优秀，1930 年毕业后留校任助教兼广东通志馆助纂[③]，其间还兼任河南海幢区公民登记主任，后当选广州市参议员。1934 年初，广东军校举办县长训练班，孟强辞去所有职务，参加训练，直至 1936 年 12 月发生“西安事变”。不久后，孟强考入中央军校特别班，成绩优良，毕业后留校服务。1937 年 6 月，孟强参加在庐山举办的暑假特别训练团，受训者中武官为校官以上，文官为县长以上。训练完毕后，孟强返回中央军校，任两期学生队政治指导员[④]，其间随部队辗转多地，投身抗战，后调升中央军

① 广州市越秀区人民政府地方志办公室、广州市越秀区政协学习和文史委员会主编：《越秀史稿 第 5 卷：民国（上）》，广东经济出版社 2015 年版，第 193 页。

② 越秀年鉴编纂委员会编：《越秀年鉴 1999》，广东人民出版社 1999 年版，彩页。

③ 黄福庆：《近代中国高等教育研究：国立中山大学（1924—1937）》，台湾“中央研究院”近代史研究所 1988 年，第 292 页。

④ 据其本人自传称其担任的是第十五、十六期学生队政治指导员，但据《1938 年中央陆军军官学校第十二期广州分校学生总队官佐名录》所载，曹孟强担任的是第十二、十三期学生队政治指导员。

校将官班中校政治指导员、军委会政治部第三厅副厅长、总政治部第三厅上校股长等职。[①] 1941 年秋，孟强受广东省政府要员之邀返粤效力，于是辞去军职，返回广州，作为广东省培训地方干部的专任讲师。1946 年，孟强又调往香港，此后多年专注于青年、文化等工作，曾任青年团体干事、主持筹办学校并任校长等，直到 20 世纪 70 年代从小学校长职位上退休。退休后，孟强仍活跃于香港的行业协会和地区组织，并在教育和文化界继续深耕。（图 2-47）

图 2-47　曹孟强（居中者）与亲友在黄花岗合影[②]

孟强还有一弟仲强（图 2-48、图 2-49）。有关仲强生平，记载甚少，仅在一份私人收藏的抗战时期《中央军校特别训练班第五期同学录》中收录其名，据此推断，仲强很有可能追随兄长，期望投身抗战，报效国家。之后，仲强也回到了广州河南，就职于南武中学。根据 1948 年、1952 年的两份南武中学同学录，这时期他仍居住在曹家一巷的祖居，职务为“军训教官”。[③]

① 曹孟强：《我的自传》，顺德桃村宗亲曹树潮先生提供，特此致谢！

② 曹仲强后人提供，特此致谢！

③《南武中学高中第九届初中第廿三届毕业同学录》，1948 年，广东省立中山图书馆藏；《南武中学勖社同学录》，1952 年，广东省立中山图书馆藏。

图 2-48　曹氏后人藏曹仲强像①

图 2-49 南武中学藏曹仲强像②

2023 年 9 月 3 日，课题组有幸参与了顺德桃村、广州曹家巷两地举办的曹氏宗亲聚会和走访活动（图 2-50），曹仲强后人拿出了他们珍藏多年的先人旧照，向课题组娓娓道来这段尘封许久的家族往事。

图 2-50　顺德北滘桃村曹氏宗亲在曹慧仪故居前合影留念③

① 曹仲强后人提供，特此致谢！

②《南武中学高中第九届初中第廿三届毕业同学录》，1948 年，广东省立中山图书馆藏。

③ 2023 年 9 月 3 日拍摄，曹仲强后人提供，特此致谢！

6. 瑶溪杨永衍与鹤洲草堂

距离曹家巷步行约十分钟路程的鹤洲直街一带，原称“白鹤洲”，是溪峡水道以南、海珠涌西段东北侧的一个江心洲。清中期时，它四面环水，河岸遍植水松，时有野鹤出没，景致悠逸，筑有鹤洲草堂、鹤州别墅、东园、秀野草堂等名园宅邸[①]，是文人墨客经常集会的一个风雅之地。其中，尤以杨永衍所居的鹤洲草堂为最。

杨永衍，字椒坪，生于嘉庆二十三年（1818年）[②]，广州河南瑶溪人，在白鹤洲筑有添茅小屋，因此自号“添茅老人”（图2-51）。添茅小屋内有借趣轩，为其居所。[③]关于杨氏生平，梁鼎芬有如下记载：

图2-51　杨永衍画像[①]

……少失怙，恃赖祖母调护之，孤苦勤学。及长，以家贫，遂弃儒业茶，奉养祖母，曲尽孝道。南海熊景星赠句云：不用陈情如李密，十年前已薄簪裾，盖纪实也。……

道光初，林文忠公则徐莅粤查办督缴洋药，永衍与其事。生平好施济，倡办爱育善堂，规条多其手定，大吏具奏奉旨命各省督抚踵而行之，后以与当事者议不合，乃洁身而退。

---

① 黄任恒编撰，黄佛颐修订，罗国雄、郭彦汪点注：《岭南文库：番禺河南小志》，广东人民出版社2012年版，第99页。

② 根据朱万章考证，杨永衍生于1818年，卒于1906年。参见朱万章《杨永衍疑年及其他》，载朱万章《明清广东画史研究》，岭南美术出版社2010年版，第228-229页。

③ 黄任恒编撰，黄佛颐修订，罗国雄、郭彦汪点注：《岭南文库：番禺河南小志》，广东人民出版社2012年版，第124、130页。

又倡建漖珠岗崔清献公祠，重修双洲书院。[①]

由上文可知，杨永衍少年贫苦，好学聪慧，因家贫不得不弃文从商。他敏于时事，积极参与林则徐查禁鸦片[②]、倡办善堂[③]、倡建忠义公祠[④]以及重修双洲书院[⑤]。其中，双洲书院之于近代河南岛尤有深意。1847 年，广州河南当地居民反对英国在洲头咀建租界，河南四十八乡的乡绅在双洲书院共商大事，一致决定抗争到底，此后双洲书院成为反租地抗争的重要机构。[⑥] 此外，杨永衍还精于书画（图 2-52、图 2-53），热爱收藏，广结雅士。

图 2-52　杨永衍《诗如山色》扇面[⑦]

---

① 番禺市地方志编纂委员会办公室主持整理：《番禺县续志》，广东人民出版社 2000 年版，第 439 页。

② 林则徐在粤查缴鸦片期间，即在 1839—1840 年间，杨永衍为其工作。

③ 爱育善堂创办于 1871 年，与传统善堂不同，它的创办人全部来自民间，开近代岭南慈善先河。爱育善堂早期善举包括施医赠药、兴办义学、施棺施葬等。侯伯颜：《晚清广州爱育善堂之发展》，载《两岸三地历史学研究生论文选集 2009》，第 269–288 页。

④ 崔与之，号菊坡，谥清献，广东增城人。南宋名臣、爱国将领、著名词人，被称为“粤词之祖”。崔清献公祠落成时间不详，现已湮灭，仅留“崔府巷”地名。参见钟晖、刘小玲主编《海珠古祠堂》，广东教育出版社 2014 年版，第 51–53 页。

⑤ 瑶头原有“双溪书院”，年久失修，杨永衍倡导重建“双洲书院”。

⑥ 陈华新：《双洲书院与洲头嘴反租地斗争》，载广州市海珠地区炎黄文化研究会编《南溆风华 纪念广州河南洲头嘴抗英一百五十周年研讨会论文集》，1997 年，第 28–31 页。

⑦ 广州艺术博物院藏。参见陈滢《番禺丹青翰墨》，中山大学出版社 2017 年版，第 64 页。

图 2-53　杨永衍山水画[①]

平日里，杨永衍总是“手不释卷，工诗词及画，写山水全用湿笔，不事干擦。收藏甚丰”[②]。他的画作多效仿查士标，善山水写意[③]，书法也极具造诣，可惜作品存世较少。他著有《添茅小屋诗草》六卷，同人和唱《同人唱和草色联吟》等，编《粤东词钞续辑》，还曾为家乡重辑《瑶溪二十四景诗》，为后世传唱。杨氏还爱用一尊“议郎孙子”印，以杨孚后代自居。[④]其子杨文桂、孙杨其光也是清末民初岭南著名文人。[⑤]

善书画的杨永衍也爱以书画会友，他虽非富豪，却“好客刊书，

① 杨永衍山水立轴，广东精诚所至 2016 夏季拍卖会。

② 番禺市地方志编纂委员会办公室主持整理：《番禺县续志》，广东人民出版社 2000 年版，第 439 页。

③④ 汪兆镛编：《岭南画征略》，广东人民出版社 1988 年版，第 201 页。

⑤ 陈文妍：《海珠遗珍——〈古雪楼印存〉与清末广州河南地区的文人艺事》，载程焕文、沈津、张琦等主编《2016 年中文古籍整理与版本目录学国际学术研讨会论文集》（上），第 303–317 页。

乐而不倦”[②]，常在鹤洲草堂和添茅小屋招待同好，切磋酬唱。《番禺县续志》道：“鹤洲草堂在河南白鹤洲，邑人杨永衍别业。杂莳花竹，尝招陈璞、居巢、居廉、何翀、袁杲诸人，觞咏其中。刊有《瑶溪唱和集》。”[③]《番禺县续志》中的“杨永衍传”，也提到草堂“花竹深秀，常与张维屏、黄培芳、熊景星、陈澧、潘恕、陈璞、袁杲、汪浦诸名流，诗酒唱酬无虚日……”[④]同治十二年（1873年）秋，河南画坛两大流派——“隔山派”居廉与“河南派”何翀还曾在杨氏的雅会上合作《牡丹孔雀图》[⑤]，足见当时书画盛况。

在“高会群贤连袂至，隔江野叟一舟来”[⑥]的盛景中，杨永衍与“二居”的交往最为人所乐道。据考，居巢留下的诗词中起码有八首与杨永衍直接相关，可见二人交情之深。[⑦]据邱炜萲《五百石洞天挥麈》所载，居廉曾举廿四番花信向杨永衍索题诗，杨如数题之，并嘱咐

① 该像由谭周士绘，为杨永衍五十六岁时的画像，后由何翀补图，广东崇正2013年春季拍卖会。

② 黄任恒编撰，黄佛颐修订，罗国雄、郭彦汪点注：《岭南文库：番禺河南小志》，广东人民出版社2012年版，第99页。

③ 番禺市地方志编纂委员会办公室主持整理：《番禺县续志》，广东人民出版社2000年版，第729页。

④ 番禺市地方志编纂委员会办公室主持整理：《番禺县续志》，广东人民出版社2000年版，第439页。

⑤ 广州艺术博物院藏。参见郭燕冰《清末岭南花鸟画家何翀交游考》，载《美术学报》2012年第5期，第82–89页。

⑥ 邓端本：《滢滢碧水白鹤洲及昔日河南风景区》，载广州市地名学研究会、广州市地名委员会办公室编《广州地名古今谈》第1辑，第130–132页。

⑦ 这八首诗词分别是：《花朝日杨椒坪司马（永衍）约同人泛舟看桃花，予以病未偕，苏心畲（道芳）诗成见示率和四首》《题杨椒坪添茅小屋》《题椒坪扪腹图》《乙丑开春添茅小屋即事》《添茅小屋看花小集喜晤邓荫泉中翰赋赠》《椒坪邀同鸿轩、颜卿、雨臣、蓉坡、子贞及子游鹅潭泛春，由大通寺过杏林庄访荫泉主人不遇口占一律奉怀》《花朝前二日集添茅小屋祝杨椒坪生日即题其春溪照影图》《题椒坪荷露烹茶图》《上巳椒坪邀同人禊海珠雨甚移尊寓斋即席分赋》。参见朱万章《居巢居廉研究》，岭南美术出版社2007年版，第48–50页。

“吾诗既往，君图宜来”。居廉也如约作画（图 2-54），笑曰：“欲难杨椒坪，反为杨椒坪难矣。”成为当时画坛佳话。①

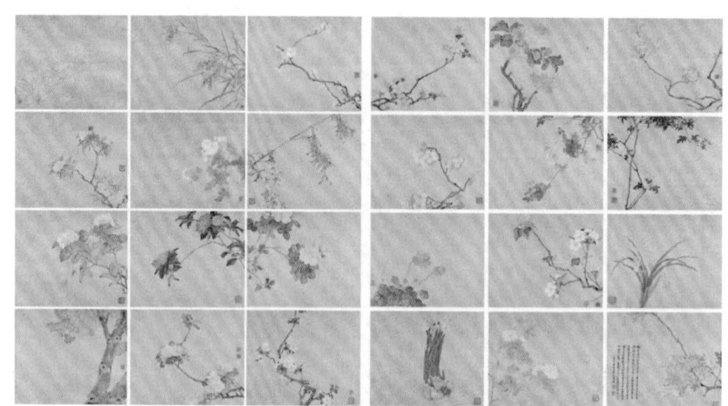

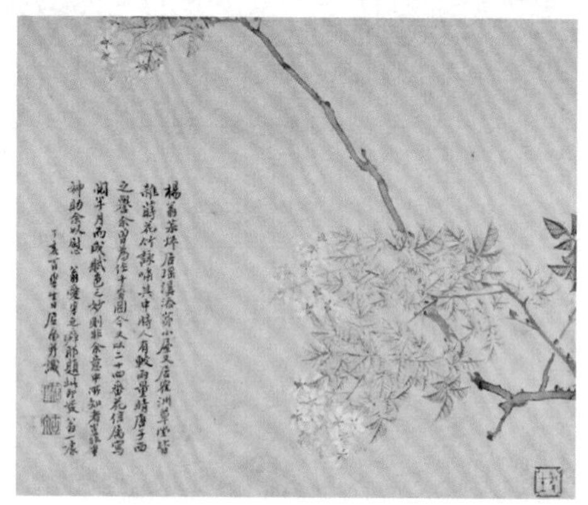

图 2-54　居廉《二十四番花信》②

通过上文描述，我们见证了一个正值壮年的杨永衍和全盛时期的鹤洲草堂。但杨永衍晚年，财力已大不如前，他回到故乡瑶头，辟小圃曰“半园”。萧馥常曾有诗句描述道：“……老人昔居白鹤洲，已种紫芝如龙虬。今回瑶溪古松宅，宅边灌园养苓珀……辘轳久息汉阴机，

① 朱万章：《居廉的生平及其事迹考》，载广东省博物馆编《广东省博物馆开馆四十周年纪念文集（1959—1999）》，广东人民出版社 2000 年版，第 242-254 页。

② 中国嘉德香港 2022 秋季十周年庆典拍卖图录。

门外鸡虫肯挂眼……”[①] 杨氏的忘年挚友潘飞声亦作诗曰：“手筑茅堂四十年，闻君归去扫云烟……”[②] 还有比杨氏年少五十多岁的漫画家何剑士，曾于清末邂逅杨永衍，感慨万千地写下《和星公韵有感》一诗，文曰：

……噫，呜呼悲哉，浇漓世道日以衰，吾今乃见添茅叟。叟家全盛时，宾客皆走狗，谈诗作画侈风骚，捧觞借箸惟恐后。当时我或知未真，只今见事思其人。试问昔年作翁客，今日何颜讥翁贫。纵不受恩鄙翁吝，朋友之交亦已尽。夷然拒绝胡不先，言违终始其谁允。劝翁尔莫愁，初心结客非望酬。劝翁尔莫恼，交遍世间无一好。悲愉易境理最常，不值一觉寻黄粱……[③]

随着杨永衍的离开，白鹤洲也因水道淤塞成陆，导致庭院荒废[④]，不复从前。直到“茶王”张殿铨家族来此开辟街衢，经营地产。

7. 沙湾“茶王”家族与鹤鸣诸巷

这一来自番禺沙湾螺阳乡岐山村的张氏家族（图 2-55、图 2-56、图 2-57），是近河中心远近闻名的“张北官家”，也是河南多处街道的开发者，包括位于白鹤洲的鹤鸣诸巷。清代中期，他们在“茶王”张殿铨的带领下发展鼎盛，由西关迁居河南。张殿铨（1807—1862 年），字衡中，号鉴湖，是岐山村张氏第十五世。自幼父母双亡，由伯父张达材教养长大。张氏家族由张达材开始从事洋务，曾“在省任故衣街瑞成、远亨两洋货店经理”，张殿铨也随之谙熟洋务，得到同孚洋行潘梅亭的赏识，进入同孚洋行工作，因遭到同行忌惮避走苏州，竟因祸

① 萧馥常：《闻杨椒坪新筑小园，赋长句寄之》，载黄任恒编撰，黄佛颐修订，罗国雄、郭彦汪点注《岭南文库：番禺河南小志》，广东人民出版社 2012 年版，第 142 页。

② 潘飞声：《杨椒叟归寓瑶溪》，载黄任恒编撰，黄佛颐修订，罗国雄、郭彦汪点注《岭南文库：番禺河南小志》，广东人民出版社 2012 年版，第 143 页。

③ 潘达微主编：《天荒》，1917 年自印。

④ 冯沛祖：《广州古园林志》，中央编译出版社 2017 年版，第 230-234 页。

得福，结识了一批皖浙茶商，并在与皖商的交往中，发明了改良安徽绿茶的制法。①

图 2-55　番禺沙湾岐山村鉴湖张大夫（即张殿铨）家庙②

图 2-56　今番禺沙湾岐山村鉴湖张大夫家庙内景③

①《番禺张氏克慎堂家谱》，广东省立中山图书馆藏。

②③ 摄于 2023 年 2 月 8 日。

图 2-57　番禺沙湾岐山村逸亭张公祠石匾[①]

鸦片战争前后，张殿铨回到广州，在十三行开设隆记茶行。当时其他商行多不屑于绿茶贸易，隆记遂采取“人弃我取”的策略，专营绿茶，一时间赚取巨额财富，家产逾百万，时人誉之“茶王”。其初居城西十三甫，19 世纪 50 年代以后迁至河南，在十三行潘氏花园旁建张氏宅第。新会举人陈昭常在《何夫人八十寿序》中有一段忆及张宅方位环境的描述：

余忆少时渡省河之南，由跃龙桥折西过潘家祠，前有松林、石桥、横塘，约六七十丈，塘外老枫树二，荫弥亩水，界中央，别无藩篱，楼台花鸟静鲜，而辉映于潘氏听帆楼之西者，为张氏后园。绕其前，入龙溪里，轩豁开朗，高闳邃宇，门户参差相属。对轩窗，临广路，旁列长巷，土人指为张北官家……[②]

隆记茶行鼎盛时期，是第一次鸦片战争后的十年，这一时期也是 19 世纪广州茶叶出口的黄金十年。自 19 世纪 50 年代始，广州茶叶外贸逐渐衰落，隆记茶行也随之日渐式微。咸丰四年（1854 年），隆记

① 据《番禺张氏克慎堂家谱》记载，“逸亭公”（讳粤泰，字御金，号逸亭）为张殿铨祖父。该匾摄于 2023 年 2 月 8 日。

② 张锡麟:《矩园文钞》卷下，广东省立中山图书馆藏。

受太平天国起义影响而停业，到张殿铨之子张凤华一代，似已不再经营茶叶生意。同治元年（1862 年），张殿铨去世，其家道日渐中落。① 据刘志伟考证，张殿铨时代所营收的巨额资金，除家用以外，主要投入在以下五个方面：一是贷款给其他行商；二是开发沙田和发展蚕桑；三是投资房地产；四是捐赠乡族公共事业；五是供养子弟读书科考。②

其中，房地产投资主要由张殿铨次子张凤华经营。久居近河中心的张凤华深知这一带“与省城接近，必将兴盛”，于是斥巨资购入荒滩闲田，排水填地，开辟为大型住宅街区，通过系统规划，最终形成两片棋格状的街衢体系。一片位于龙溪乡外的八条街巷，命名“岐兴里”，以纪念祖籍“岐山”，另一片位于龙导尾乡外的鹤洲直街及鹤鸣八巷，是广州首例专门规划的大型房地产住宅区。当时“河南大基头及龙导尾乡外田”均为张家物业，张凤华因此成为清中后期近河中心人尽皆知的地产大亨（图 2-58、图 2-59）。③

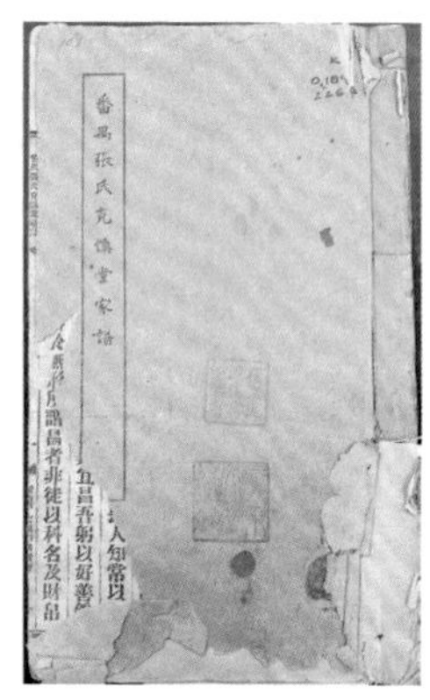

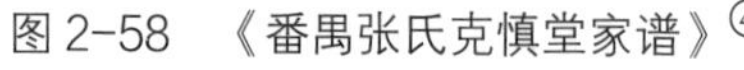
图 2-58　《番禺张氏克慎堂家谱》④

緒乙亥辦此四年獨力支撑已耗去二十餘萬金乆不敢令
先祖妣知情實憂勞積於心中惟有自知及過度遂有頭風之
病展轉牀蓐者十餘年幸早有先見事豫則立先是河南大基
頭及龍導尾鄉外田為張金官業　先考知其地與省城接近
必將興盛重資與售塡作沙地可闢街衢建屋宇即今之岐興
里諸約及鶴鳴一巷至八巷作洪德路之先聲又早價領番禺
縣岡三沙於岡外築石墻使積淤成坦築坦成田後果有成效
紓其宿負　先考識見高遠義聲播遐邇鄉鄰有爭持不相下
者得其一言而立解不必構訟於官縣侯多仰其名禮貌詢得

图 2-59　家谱中开发鹤鸣诸巷页 ⑤

① 刘志伟：《广州隆记茶行史事补》，载《贡赋体制与市场：明清社会经济史论稿》，中华书局 2019 年版，第 223 页。

② 刘志伟：《广州隆记茶行史事补》，载《贡赋体制与市场：明清社会经济史论稿》，中华书局 2019 年版，第 224 页。

③ 张锡麟：《矩园文钞》卷下，广东省立中山图书馆藏。

④⑤《番禺张氏克慎堂家谱》，广东省立中山图书馆藏。

在今岐兴南约与龙庆北约之间的木巷一隅，仍可见一方字迹漫漶的古旧石碑嵌于墙角（图 2-60），2016 年时尚可见“启者：蒙张克慎堂承……承得税地……塘与东……塘与西”字样，落款“光绪二十三年十月”。此碑应是清末木巷某家屋主向张凤华购买地产后，用以声明地界范围的界碑，是“张北官家”开发近河区域的珍贵物证。

图 2-60　木巷石碑[①]

① 摄于 2016 年 10 月 15 日。石碑信息经陈晓平、叶嘉良等“省城风物”民间文化保育小组人士导赏获知，特此致谢！

第三章　晚清大变局

光绪二十年（1894 年）六月，日本对中国“济远”“广乙”两舰发动突然袭击，不宣而战。是年八月，生于今龙凤街道龙涎里的邓世昌驾“致远”号随北洋舰队战舰，护送援军到朝鲜，行前决意“设有不测，誓与日舰同沉”。他的外孙女忆述（家族口传）邓世昌出征那日，曾将自己爱用的水盂、盂中小勺，以及刻有“邓正卿印”字样的一枚白玉印章特意留在家中，且“话说得特别多，想的事也特别多。再三叮嘱要教育好孩子，照顾好孩子。但说话很坦然，没有流露出伤感。后来，他在大东沟英勇阵亡的消息传来，外祖母才恍然大悟”。①

一、甲午战争的忠烈记忆

抵达朝鲜七天后，北洋水师准备返航。但此时，日本海军“吉野”号等 12 艘战舰突然来袭，丁汝昌以“定远”号为旗舰下令列阵迎战，黄海海战爆发。艰苦鏖战之中，在“致远”号多处中弹，即将沉没之际，身为管带的邓世昌下令全舰全速向“吉野”号冲击，决心与敌方旗舰同归于尽。“吉野”见状，当即集中炮火轰击“致远”号。不

① 谭徐锋：《天崩地裂与感同身受——作为个体记忆的甲午战争》，载谭徐锋《察势观风：近代中国的记忆、舆论与社会》，上海人民出版社 2020 年版，第 17–53 页。

幸被鱼雷击中的“致远”号燃起熊熊大火（图 3-1），官兵先后坠入大海中。坠海后的邓世昌拒绝了随从递来的救生圈，誓与“致远”号共存亡。[①] 邓氏曾孙女邓立英还讲过一个传说——当时“他的爱犬也游来，衔住他的手臂不使他沉溺。曾祖将爱犬推开，但它仍不离去，又衔住他的头发，曾祖手按犬首，自己也随之没入波涛之中，以身殉国。致远舰上 250 名将士全部壮烈牺牲”[②]。其实邓世昌的选择，也是昔年所有中国舰长的选择。

图 3-1　被击沉的“致远”号巡洋舰[③]

海战之后，周边的百姓竭尽所能救助北洋水师官兵。当受损战舰靠近大鹿岛时，岛民当即送去食物、淡水等生活物资，还有渔民自发出海，去打捞牺牲的官兵遗体。当时他们通过各种途径寻得遗骸共 13

① 刘传标：《船政人物谱》（上），福建人民出版社 2017 年版，第 223-225 页。

② 邓立英：《民族英雄 忠烈参天——纪念我的曾祖父邓世昌》，载威海市政协文史资料委员会编《威海文史（第 5 辑）：邓世昌》，威海市政协文史资料委员会 1990 年，第 15 页。

③ 原载《伦敦新闻画报》2901 号增刊第 10 页，1894 年 11 月 24 日。赵省伟编：《遗失在西方的中国史：海外史料看甲午》，重庆出版社 2018 年版，第 334 页。

具，并将之合葬于岛屿东山北侧的半山腰上，即今大鹿岛上著名的“甲午海战无名将士墓”。①邓世昌壮烈殉国的消息传来，举国同悲，光绪帝赠“壮节”谥号，又御笔亲撰祭文、碑文各一，追封太子少保衔，入祀京师昭宗祠。②

时居沪上的邓世昌夫人何氏，听闻死讯，遂请人为其绘遗像、设牌位，早晚香烛奉祭，终其一生，未曾间断。邓立英回忆说：“我曾祖母每天傍晚点着小油灯，楼上楼下呼喊着我曾祖父的名字。”③随后，邓家用清廷拨予的10万两抚恤白银，在河南故里修建了邓氏宗祠，并在广州沙河天平架石鼓岭邓家山修建了邓世昌的衣冠冢。④

1937—1938年间，侵华日军两度侵入大鹿岛海域，拆卸水下的北洋水师军舰。当地渔民李桂斌曾受胁迫参与此事。其在2009年忆述称，当时受胁迫的还有另一渔民王绪年。一日，王绪年正在水下拆卸“致远”舰，猛然发现舱椅上端坐着一具身着北洋水师官服的骨架，但后来因日军采用爆炸拆卸，导致舱门震开，骨架也随之震散。次日，王绪年感到浑身疼痛，便对李桂斌言：“这副遗骨恐怕就是邓大人，我每天给日本人效力，搅得邓大人不得安宁，邓大人肯定是怪罪我了，等病好以后，一定要把他老人家请上来，好好地安葬。”几天以后，王绪年身体康复，便带着一只口袋潜回水下，将那具被震碎的遗骸悄悄背了上来，并与李桂斌等人将之妥善安葬在刘公岛。此事在当地传开后，百姓们认为这具身着官服的遗骸就是“致远”舰管带邓世昌，于

① 贾国静、张海鹏：《中华先烈人物故事汇：邓世昌》，学习出版社2019年版，第118–119页。

② 刘传标：《船政人物谱》（上），福建人民出版社2017年版，第225页。

③ 谭徐锋：《天崩地裂与感同身受——作为个体记忆的甲午战争》，载谭徐锋《察势观风：近代中国的记忆、舆论与社会》，上海人民出版社2020年版，第17–53页。

④ 严容应：《邓世昌衣冠冢迁建经过》，载政协广州市天河区委员会《天河文史》编委会编《天河文史》第5辑，政协广州市天河区委员会《天河文史》编委会1996年印，第38页；刘琳：《福建成台名传列传》（下），福建美术出版社2010年版，第628页。

是自发竖起了“邓世昌墓”的石碑（图 3-2）。①

图 3-2 刘公岛“邓世昌墓”今貌 ②

就在“邓世昌”遗骸入土刘公岛的同一时期，中日战争全面爆发，广州沦陷。据邓世昌曾侄孙邓浩然回忆，当时广州的 7 位邓氏族人中，有 6 人投笔从戎，他们是邓浩然的父亲邓权民、六伯邓渭民、七伯邓尧民、八叔邓光民、二姑邓婉红和九叔邓燊民。其中，邓光民与邓婉红考入黄埔军校，年纪最小的邓燊民则自学日文，加入抗日谍报组织。值得一提的是，那几年河南不少祠堂被日军侵占驻兵，然而邓氏宗祠却能幸免于难，不仅如此，当时还有日兵私下潜入祠堂，脱帽行礼，鞠躬拜祭。邓浩然解释道：“我九叔懂日语，就向他们打探原因。有个军官回答，邓世昌虽然是日本的敌人，却是顶呱呱的英雄，日军对他

① 贾国静、张海鹏：《中华先烈人物故事汇：邓世昌》，学习出版社 2019 年版，第 119–120 页。

②《中朝边境特色旅游线路——鸭绿江红色之旅》，载“鸭绿江之窗”2019 年 9 月 20 日（http://www.yljzc.com/zh/news_164.html）。

又敬又畏，所以不敢进驻祖宅。”①

与此同时，邓世昌长孙邓泽洪的长子邓小鹏在上海的家宅也被日军炸成了一片瓦砾。每日目睹日军对城市的轰炸，他不惜冒着被暗算的危险，愤然辞去在“汉冶萍煤铁矿公司”的差事，声言绝不吃投靠日本的奴才饭，后来母亲病故，子女失学，生活困顿，也不改初衷，直至抗战胜利。此外，他还以邓世昌长房的身份走上街头，发表演说，宣传抗日，高呼“家仇国恨不共戴天”。② 不论是粤沪两地积极投身抗日的邓氏后人，还是刘公岛上心系邓氏遗骸的朴实渔民，他们的思想与作为，无不是对甲午海战壮烈事迹的一种直接反馈，是一代又一代中国普通百姓救亡图存的生动演绎。

二、戊戌变法的不屈诗篇

如果说鸦片战争的失利只是打碎了天朝大国的幻梦，那么甲午一役则是彻底揭示了清朝国力的羸弱实况，即将亡国的悲哀与警觉火速蔓延。陡然刺激之下，国人求变的动机亦从“自强”转变为“救亡”，维新变法运动由此拉开序幕。1898 年 6 月，光绪帝颁布《明定国是》诏书，宣布变法。是年 9 月，慈禧“训政”，变法失败。康有为、梁启超等人流亡日本，“戊戌六君子”被诛杀。作为广州维新运动的策源地，万木草堂很快遭到查封，草堂弟子受到追查，整个广州府与南海县都笼罩着紧张恐怖的气氛。

值此时刻，却有一个身影兀自走回贴满封条的草堂端坐默读，继

① 所谓“祖宅”很可能就是邓氏祠堂。邓艳红：《邓世昌后裔回忆：邓公殉国四十年 日寇不敢扰其祖屋》，载人民网 2014 年 7 月 25 日（http://culture.people.com.cn/n/2014/0725/c22219-25343879.html）。

② 谭徐锋：《天崩地裂与感同身受——作为个体记忆的甲午战争》，载谭徐锋《察势观风：近代中国的记忆、舆论与社会》，上海人民出版社 2020 年版，第 17–53 页。

续钻研康氏讲授的孔儒经书和救国之法，并写下七绝《戊戌政变后九月入万木草堂》，以记史事。诗曰："秋花狼藉落庭黄，万木无声一草堂。姓字险登党锢传，东林仍复继书香。"（图 3-3）他便是康有为的弟子刘翰棻。不久，刘翰棻投奔康氏流亡澳门，后赴日本留学，受到康氏长期关照，师生情谊益加深厚。[①] 刘翰棻回国以后，曾任广东惠来县县长一年，旋即返回广州，在河南鹤鸣二巷八号购屋一间，名曰"达庐"，并在附近创办鹤鸣学校，自编教材，教书育人，此后相继任教于广州培正中学、洁芳女子中学和南武中学。刘氏 20 世纪 20 年代曾居上海，任英美烟草公司秘书，与恩师康有为往来厚密，著有《花雨楼词草》等，为民国著名词人。[②]

图 3-3　万木草堂院落今貌[③]

① 陈汉才：《康门弟子述略》，广东高等教育出版社 1991 年版，第 129 页。

② 刘东驷：《刘翰棻史略》，载东莞市政协文史资料委员会编《东莞文史资料选辑》第二十期，1992 年，第 88-89 页；陈汉才：《康门弟子述略》，广东高等教育出版社 1991 年版，第 129 页。

③ 摄于 2016 年 12 月 3 日。

1927年春，康有为在青岛病逝，刘翰棻悲痛欲绝，含泪书《挽南海师》一首，文曰：“文星落青岛，恸绝老门生。搔首呼天问，捶胸顿地鸣。从亡同患难，赐食感恩情。大梦归圆觉，千秋有定评。”[①] 诗文情深意切，字句中流淌着师生共患难的刻骨记忆，同时又蕴含着面对多元历史评价的心胸与理性，令人感佩。

1937年，刘翰棻六十寿辰，得到海内外诸多亲友酬唱祝寿，如藏书家伦明，广西大学校长马君武，南武中学校长何剑吴，晚清翰林江孔殷，诗人廖籁庵、詹菊隐、韩树园，广西举人汪凤翔以及曾国藩侄孙女曾广珊等，并最终编成《了园花甲酬唱集》一册。1951年，刘翰棻在达庐病逝。[②] 今天的鹤鸣二巷八号现已分由之一（图3-4）、之二两户居住，户主均不姓刘。假如门牌未曾改变，达庐的一部分或还存在于天壤之间。它不仅是对一位不屈才子风雨人生的历史见证，更折射了晚清大变局的曲折进程。

图3-4　今鹤鸣二巷八号之一[③]

① 陈汉才：《康门弟子述略》，广东高等教育出版社1991年版，第129页。

② 刘东驷：《刘翰棻史略》，载东莞市政协文史资料委员会编《东莞文史资料选辑》第二十期，1992年，第88-89页。

③ 摄于2022年7月20日。

三、图强求变的志士办学

就在《马关条约》签订的同年，地产大亨张凤华的侄女张竹君（1876—1964 年）考入羊城博济医局就读。也是在这一年，同样从博济医局走出来的孙中山在广州发动第一次武装起义，并以失败告终。五年后，学成毕业的张竹君回到近河中心，成为两粤最早的国人自办女学堂的发起人。

1.“妇女界梁启超”与育贤女学

张竹君是一位特立独行、乘风破浪、充满传奇的女权领袖，被誉为“中国第一位南丁格尔”。据张竹君友人马君武讲述，张竹君的专业理想源自幼年曾患脑部疾病的经历，此病导致她全身麻木，幸得时任博济医局院长的美国医生嘉约翰（John Glasgow Kerr）的精心医治，才得以康复痊愈。此后她立志学习西医[①]，并持不婚主义，常梳男辫、穿男装[②]，活跃于羊城沪上的各种社会活动，还有着像谜一样的身世。

马君武与张氏谙熟，称其“故为世家”，革命元老冯自由亦言其“父曾任显宦”，但始终缺乏明确信息。台湾学者梁其姿在张竹君的密切合作者李平书所作的《七十自叙》中，抉出张氏实为“广东石井枪弹居监工的侄女”，并据此推断“她那做高官的父亲，大概是她自己或朋友捏造的，让别人以为她来自精英家庭”[③]，更为其出身平添了神秘

---

① 马君武，1902 年于《新民丛报》第七号发表《女士张竹君传》，使张竹君“女界豪杰”的形象广泛传播。参见莫世祥编《马君武集》，华中师范大学出版社 2011 年版，第 3–5 页。

② 梁其姿:《民族尊严、男女平等，还是无私救济？——首批中国女医生的选择》，载梁其姿著《变中谋稳：明清至近代的启蒙教育与施善济贫》，上海人民出版社 2017 年版，第 166 页。

③ 梁其姿:《民族尊严、男女平等，还是无私救济？——首批中国女医生的选择》，载梁其姿著《变中谋稳：明清至近代的启蒙教育与施善济贫》，上海人民出版社 2017 年版，第 165 页。

性质。直至 1993 年番禺沙湾的文史专家何润霖发表《“中国第一个南丁格尔”——张竹君》一文，发现了《张裕庆堂族谱》中对其家世有明确记载，才终于告破了这一百年悬案（图 3-5）。①

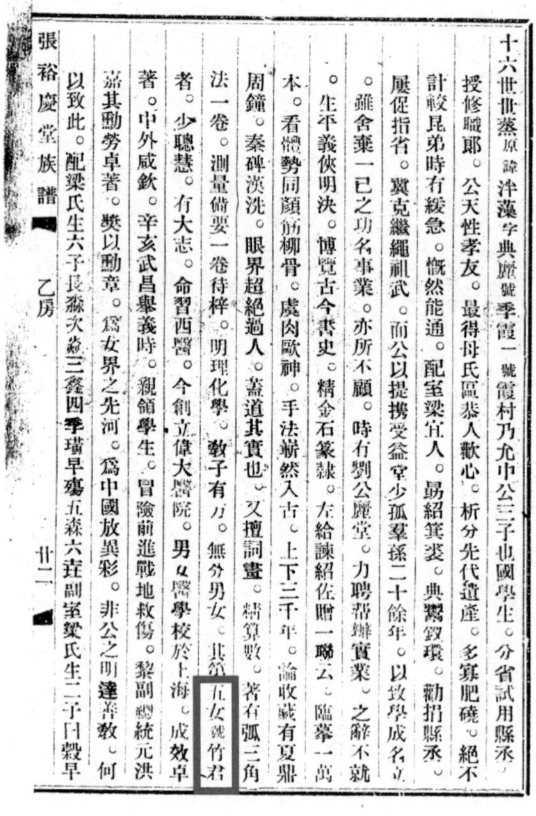

十六世世蒸原諱泮藻字典廰號季霞一號霞村乃允中公三子也國學生。分省試用縣丞。
授修職郎。公天性孝友。最得母氏區恭人歡心。析分先代遺產。多寡肥磽。絕不
計較昆弟時有緩急。慨然能通。配室梁宜人。易紹箕裘。典鬻釵環。勸捐縣丞。
屢促指省。冀克繼繩祖武。而公以提携受益堂少孤羣孫二十餘年。以致學成名立
。雖舍棄一已之功名事業。亦所不顧。時有劉公麗堂。力聘帮辦實業。之辭不就
。生平義俠明決。博覽古今書史。精金石篆隸。左給諫紹佐贈一聯云。臨摹一萬
本。看體勢同顏筋柳骨。虞肉歐神。手法嶄然入古。上下三千年。論收藏有夏鼎
周鏞。秦碑漢洗。眼界超絕過人。蓋道其實也。又擅詞畫。精算數。著有弧三角
法一卷。測量備要一卷待梓。明理化學。教子有方。無分男女。其第五女號竹君
者。少聰慧。有大志。命習西醫。今創立偉大醫院。男女醫學校於上海。成效卓
著。中外咸欽。辛亥武昌舉義時。親領學生。冒險前進戰地救傷。黎副總統元洪
嘉其勳勞卓著。獎以勳章。爲女界之先河。爲中國放異彩。非公之明達善教。何
以致此。配梁氏生六子長淼次焱三鑫四季瑺早殤五森六垚副室梁氏生二子曰穀早

張裕慶堂族譜 乙房 廿二

图 3-5 《张裕庆堂族谱》所载张竹君事②

原来，张竹君的曾祖父正是抚养“茶王”张殿铨长大的张达材，祖父张殿球则是一位名副其实的传统仕宦——“国学生，道光二十八

① 何润霖：《“中国第一个南丁格尔”——张竹君》，载广州市番禺区政协文史资料委员会编《番禺文史资料》，2009 年第 22 期，第 60-62 页。

② 张德隆编：《张裕庆堂族谱》，1915 年，广东省立中山图书馆藏。

年，选授安徽歙县县丞，兼署歙县街口分司，候选布政司理问，加四级，授朝议大夫”[①]，父亲张世蒸，为张殿球第三子，分省试用县丞（八品），授修职郎，精通数学，著有《弧三角法》与《测量备要》，且“教子有方，不分男女”。张竹君的三位兄长均不事科举，全部毕业于新式学堂：大哥张圻毕业于南洋荷活士汽机专门学校；二哥张焱毕业于广东军事学校；三哥张鑫毕业于香港皇仁书院。[②]

图 3-6　张竹君像[③]

1900 年，张竹君（图 3-6）毕业于羊城博济医局[④]，于“张北官家”附近的漱珠桥旁开设南福医院，院中“附设福音堂，每值星期六日，恒聚众宣扬耶教福音，或议论时政，鼓吹新学”[⑤]。1902 年，张竹君“改南福医院为小女学堂”[⑥]，曰“育贤女学”。尽管开办时间仅有两年，却是“广东女学之先声”，在当时影响甚大，“一时新学志士多奔走其门，隐然执新学界之牛耳。汉民与程子仪、朱通儒三人赞襄最

---

① 张锡麟编:《番禺张氏克慎堂家谱》，1933 年，广东省立中山图书馆藏。

② 张德隆编:《张裕庆堂族谱》,1915 年，广东省立中山图书馆藏。

③《寰球中国学生会年鉴》1923 年第 2 期，广东省立中山图书馆藏。

④ 杨奕望、叶进:《女医士张竹君之生年学籍新证》，载《医学博览》2015 年第 1 期，第 40-43 页。

⑤ 冯自由:《革命逸史》（下），东方出版社 2011 年版，第 529-530 页。

⑥ 马贵公（马君武）:《女士张竹君传》，载《新民丛报》1902 年 5 月 8 日。

力”。[1] 写下这段珍贵记录的，是早在1895年就加入兴中会的革命党人冯自由。他所言及的胡汉民、程子仪和朱通儒，其思想也都在这一时期转向革命。当时育贤女学堂有两名女教习，除去张竹君自己，还有一名是马君武的母亲。[2] 有关女教习情况的记载正是来自马君武本人，此时的马君武正在日本留学，其间结识孙中山，认为“康梁者，过去之人物也；孙公，则未来人物也”，即由维新转向革命。[3] 可见育贤女学堂在当时是革命志士的常聚之所，张竹君也因此被时人喻为“妇女界之梁启超”[4]。

张竹君办学期间，在经济上给予其最大支持者，当属同样居住在漱珠涌畔的一位“李二少奶”——“二少奶名徐佩萱，即豪绅李庆春之孀媳也。性豪侠，好施与，其子李强、女李雄，均称竹君为契爷，竹君每有兴创，恒鬻珍饰以助无吝色。”[5] 李庆春，原籍海丰，早年受过良好的英文教育，1888至1892年任广东水师提督方耀的英文翻译，后转任粤海关洋务委员、两广督署洋务委员等职，是当时广州极负盛名的富绅[6]，建豪宅于河南跃龙里11号[7]。那么徐佩萱是哪户人家的女儿，又是如何嫁入李家成为“李二少奶”的呢？这些看似日常的小问题，实则蕴藏着近代中国旧民主主义革命网络的内在构造。图3-7为李庆春的亲笔签名。

---

① 冯自由：《未入革命党前之胡汉民》，载胡汉民《胡汉民回忆录》，东方出版社2013年版，第129页。

② 马贵公（马君武）：《女士张竹君传》，载《新民丛报》1902年5月8日。

③ 朱汉国、杨群主编：《中华民国史》第9册，四川人民出版社2006年版，第178页。

④ 冯自由：《革命逸史》（下），东方出版社2011年版，第529–530页。

⑤ 冯自由：《革命逸史》（下），东方出版社2011年版，第219页。

⑥ 周之贞、刘铿：《辛亥九月清将军凤山伏诛记》，中国第二历史档案馆藏；陈晓平：《女飞行家李霞卿家世补说》，澎湃新闻2023年7月3日。

⑦《申报》1913年9月29日。

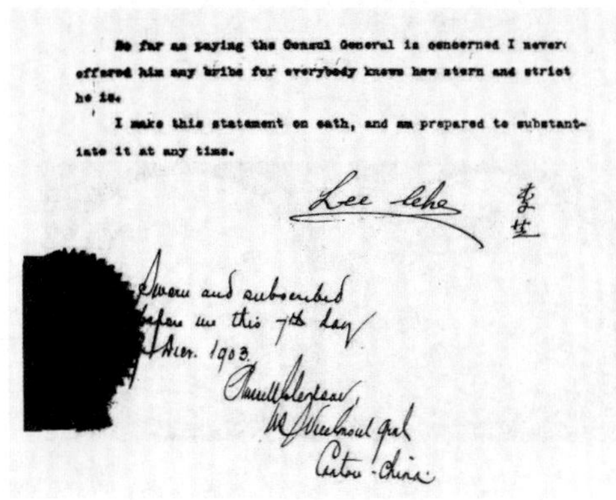
So far as paying the Consul General is concerned I never offered him any bribe for everybody knows how stern and strict he is.

I make this statement on oath, and am prepared to substantiate it at any time.

Lee Che 李生

Sworn and subscribed before me this 7th day of Nov. 1903.

Canton China

图 3-7 李庆春亲笔签名①

2.“同盟会徐氏三姐妹”与贞德女学

由于徐佩萱后来成了黄兴夫人，因此有关她的史料相对丰富。综合可知，其生于 1876 年，出自“家世豪富”②的香山北岭徐氏家族，幼时“随父在沪读家塾”③，于家中姐妹中排行第三，上有长姐佩兰、二姐佩瑶，三人后被誉为“同盟会徐氏三姐妹”。

在三姐妹的祖父一辈，就有被誉为“中国参展世博会第一人”的著名买办徐荣村。他曾于 1851 年的伦敦世博会上，以自家生产的“荣记湖丝”荣获奖章（图 3-8）。④三姐妹的叔父徐润，是近代中国最大的房地产商、最早的股份制企业创始人以及最大的茶叶出口商，不仅创办了中国首家保险公司、首家机器印刷厂，而且参与创建经营了上海轮船招商局和开平矿务局，还主持了三批留美幼童的选拔出洋⑤，并

① 广西师范大学出版社组织整理：《美国驻广州领事馆领事报告（1790—1906）》第 21 卷，广西师范大学出版社 2007 年版，第 250 页。

② 柳亚子：《徐宗汉女士墓志铭》，载《国讯》（港版）1947 年第 1 期，第 8 页。

③ 邹鲁：《徐宗汉女士革命事略》，载《中国国民党史稿》（下），东方出版中心 2011 年版，第 1656 页。

④ 珠海市地方志办公室编：《珠海市人物志》，广东人民出版社 1993 年版，第 344 页。

⑤ 卢嘉诺：《乡村建设与族谱修纂：徐润与北岭徐氏宗族商业网络的构建》，载《广州大典研究》2023 年第 1 期，第 121 页。

于上海英租界山东路营建规模宏大、中西合璧的大宅“敬德堂”，又名“愚园”①。

图 3-8 《北岭徐氏宗谱》中所载“荣记湖丝”的奖章②

据赵利峰、陈晓平等人考证，三姐妹的父亲应是上海同文书局创办者徐闳甫、徐秋畦兄弟中的一位。③上海同文书局是国人自办的第一家石版印刷图书机构。1887 年 10 月，广东水师提督方耀、李庆春一行入京觐见，途经上海，得老友王韬接风洗尘。同年 12 月，方、李一行由京返粤，再次停留上海，并借同文新局④场地举办宴会。陈晓平推测这次宴会便是李、徐联姻的契机，他分析道：

> 可以想象，方耀借用同文书局宴客，会派李庆春出面与徐秋畦、徐宏甫接洽。李庆春与徐氏兄弟聊天时谈论到儿子的婚事。不管是徐秋畦、徐宏甫本人还是徐氏其他兄弟，刚好有女儿徐慕兰待字闺中，婚事很快被确定下来，徐慕兰嫁给李庆春长子李紫石，1888 年生下一子，即李霞卿之父李应生。1971 年李应生讣闻称“享寿八十有四”，

① 中山市博物馆展览《近代香山籍商业人物——徐润：从买办到实业家》。

②《香山徐氏宗谱》，广东省立中山图书馆藏。

③ 赵利峰：《澳门买办巨贾徐瓜林及其家族与近代中国史事四题》，载《澳门历史研究》2020 年第 19 期，第 63-67 页；陈晓平：《女飞行家李霞卿家世补说》，澎湃新闻 2023 年 7 月 3 日（https://www.thepaper.cn/news Detail_forward_23505776）。

④ 同文书局 1882 年初创时，局址设在西华德路（今长阳路），不久迁到棋盘街（今河南中路）新址，故称“同文新局”。“同文新局”即同文书局新址。陈晓平：《女飞行家李霞卿家世补说》，澎湃新闻 2023 年 7 月 3 日（https://www.thepaper.cn/news Detail_forward_23505776）。

按旧时计算虚岁的习惯，可推断为 1888 年出生。①

1893 年，徐家又将小女儿徐佩萱嫁予李家次子李晋一。徐佩萱遂与长姐徐佩兰（后改名徐慕兰）成为妯娌，亲上加亲。此时佩兰已为李家诞育二子，手握掌家大权②，佩萱的嫁入，无疑能进一步巩固联姻，也有利于家庭关系和睦。这是当时近河中心世家大族姻亲安排的一个缩影——他们绝大多数以洋务发家，且彼此之间相互联姻，形成一张连接上海、天津、武汉等开埠口岸乃至海外各国的绅商网络。从乾隆至晚清的百余年间，这里数代人的优渥生活与开阔视野，无形中韬养了一批具有中西“双重视阈”③的富家弟子，尤其是生于 19 世纪 70 年代至 90 年代的几代人，他们多在省港澳的各类教会学校接受英文教育，极易理解和接受当时各种变革思想，其中也包括李家的子女和姻亲。

比如，徐佩萱的夫婿李晋一，就曾“从兴中会陈少白游，能言民权民族之义”④，可惜早逝；又如，徐慕兰长子李应生，少年时代便不事科举，就读于天主教所办的圣心书院，且“自幼学为机器匠”，12 岁时已到中国最早的西方船舶修造厂之一——上海耶松船厂见习；⑤再如，徐氏姐妹的小姑李佩书，幼时即就读于香港圣士提反书院。⑥此外，还有徐氏二姐佩瑶，尽管未如姐妹那般嫁到濑珠涌畔，却以另一种方式加入这里的生活和志业。1904 年《女子世界》报

---

① 陈晓平：《女飞行家李霞卿家世补说》，澎湃新闻 2023 年 7 月 3 日（https://www.thepaper.cn/news Detail_forward_23505776）。

② 珠海市地方志办公室编：《珠海市人物志》，广东人民出版社 1993 年版，第 109 页。

③ 历史学家熊月之最早使用这一概念来描述具有近代思想的香山人士，参见熊月之《“双视野人”与民族觉醒——以香山人在澳门、香港和上海的实践为例》，载《澳门学》2022 年第 1 期。

④ 柳亚子：《徐宗汉女士墓志铭》，载《国讯》（港版）1947 年第 1 期，第 8 页。

⑤《机匠轧伤》，载《申报》1899 年 1 月 31 日，第 9 版。

⑥ 李佩书之子刘定寰回忆手稿：《我母亲一九一一年参加黄花岗起义的一些资料》（未刊），写于 1985 年 3 月。

道称："香山徐佩瑶女士，去年在河南创办贞德女学校，现闻迁往环珠桥溪峡，一切规模益加，改良学科，甚为完备。闻徐女士学问程度颇高，热心教育，管理得法，并闻其妹徐佩萱女士于女学亦甚留意云。"①

在 1903—1904 年间，张竹君因"笞责学生伍庙藩、黄素波二人事发生风潮"②，可能萌生离粤之念，加之"日俄战事发生，两广总督岑春煊，请她组织救伤队，到旅顺服务"③，张氏遂于 1904 年初夏离粤赴沪。以张竹君和徐佩萱的密切关系，徐很可能是最早知道张去意之人，而贞德女学恰于此时出现，主事者又是徐家姐妹，可见很大概率是一种默契之举。1906 年 7 月，贞德女学已"开办两学期，卓著成效"，校址亦颇具规模，开设修身、国文、历史、地理、算数、家政、卫生、理科、图画、乐歌、正音、英文、女红、体操等十余门课，并于《时事画报》上发布第三学期招生信息（图 3-9）。从近三年开办两学期的情况来看，1906 年 9 月开班的第三学期很可能是贞德女学的最后一个学期，因为佩瑶、佩萱两姐妹在 1907 年接受了马来西亚华商胡子春的邀请，于是年 9 月前后前往马来西亚槟榔屿，加入当地正在筹办的"中华女学"。④

---

①《女子世界》1904 年第四、五期，第 112 页。

② 冯自由：《女医士张竹君》，载《革命逸史》第 2 集，中华书局 1981 年版，第 39–40 页。

③ 皓翁：《解放先锋张竹君》，载《礼拜六》1934 年第 542 期，第 3 页。

④ 高伟浓：《清代华侨在东南亚：跨国迁移、经济开发、社团沿衍与文化传承新探》，暨南大学出版社 2014 年版，第 412 页。

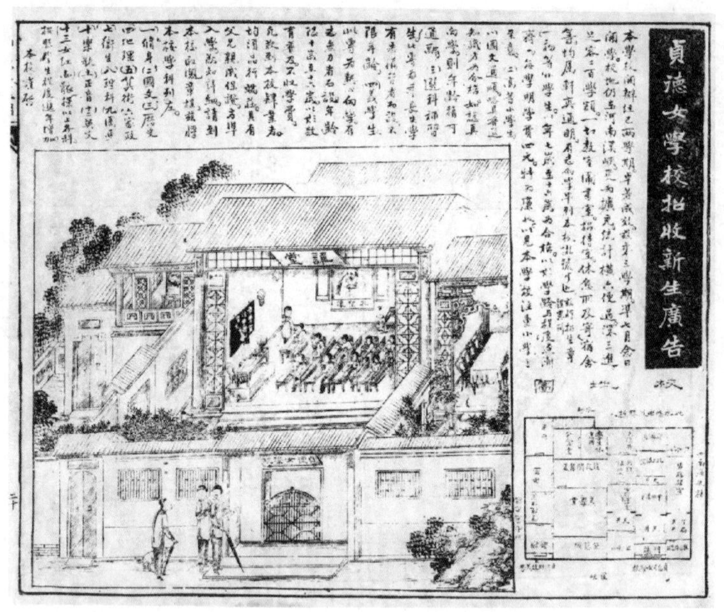

图 3-9 1906 年《时事画报》刊贞德女学校招生广告①

3. “岭南诗宗”、同盟会与南武公学

几乎就在张竹君开办女学堂的同时，河南的首个新式学堂也在此时出现，其最初名为“群学书社”，1901 年由黄节联合多位本地士绅发起创办。② 黄节（1873—1935 年），字晦闻，岭南著名诗人、报人和教育家，有“岭南诗宗”美誉，少年时代随大儒简朝亮在简岸草堂学习，民国后先后任教于北京大学、清华大学，曾出任广东省教育厅厅长（图 3-10）。黄氏祖父早年弃文从商，经营瓷器生意，父亲考取功名后，举家迁往广州，居于河南龙庆里，建有院宇三楹，二楼专为藏书，取名“蒹葭楼”。③（图 3-11）

① 丙午年（1906 年）《时事画报》第 22 期。

② 亦有资料称“群学书屋”。参见麦汉永《南武学堂之创办历程》，载广州市政协文史委员会编《广州文史资料存稿选编》第 7 辑，中国文史出版社 2008 年版，第 26 页。

③ 陈希：《岭南诗宗：黄节》，广东人民出版社 2008 年版，第 15-17 页。

图 3-10　黄节像①

图 3-11　蔡哲夫绘《蒹葭楼图》②

群学书社开办之初，赁屋于龙溪首约，后迁至海幢寺内圆照堂，加以扩充，更名为“南武公学会”，内分编辑、辩论、体育三部。此时开办新学之风正于两粤萌芽，西关率先出现启明、时敏两座新式学堂，而河南仍仅有旧式私塾。于是南武同仁又在公学会内增设教育一部，专门筹备开办新学——“遂在圆照堂之附殿辟一课室，先召同人子弟十余人，以为实施教育之基础”。1905 年春正月十五，南武小学堂正式开学，由公学会同仁分任教职，谢英伯③为首任校长（图 3-12）。1906 年 10 月 26 日正式注册立案，获两广学务处转番禺县署颁“南武两等小学堂钤印”一枚。④ 1907 年，谢英

图 3-12　谢英伯像⑤

① 广州市南武中学藏。

② 朱万章：《蔡守与〈蒹葭楼图〉》，载《收藏 · 拍卖》2016 年第 1 期。

③ 谢英伯（1882—1939 年），号抱香居士，中国近代民主革命家，祖籍广东梅县雁洋文社村，香港皇仁书院毕业。

④⑤ 麦汉永：《南武学堂之创办历程》，载广州市政协文史委员会编《广州文史资料存稿选编》第 7 辑，中国文史出版社 2008 年版，第 26–27 页。

⑤ 广州市海珠区国家档案馆、广州市海珠区政协学习和文史资料委员会：《辛亥之光耀海珠》，内部发行，2011 年，第 9 页。

伯于香港结识革命党人刘师复、高剑父，加入中国同盟会[①]，同年赴南洋从事革命活动，辞去南武校长一职。[②]

四、南武风云：从社会风潮到辛亥革命

1. 抗美拒约中的南武校长

谢英伯离任前后，南武迎来了校史上最为著名的一位“猫 Cat”校长——何剑吴（亦作何剑吾）（图 3-13）。何剑吴妻儿早亡，于是他视学生若儿女，“以校为家，身无长物。南武经费支绌时，曾将沙湾玉堂乡祖屋变卖，充当经费。薪俸收入，每有余剩，必退回学校及周济贫苦学生”[③]。有人劝其续弦，他笑而言道：“南武学校乃余之属妻，余之家庭，南武学生犹余之爱子，余何患无妻无后乎！”[④]

在当时的南武学生眼里，他是一位“头圆眼大，白鬓八字如猫鬓”的校长[⑤]（图 3-14），常常“嘴角微微上翘，透着笑意的同时，又透出一份威严”[⑥]，因此“骤见何校长，都会有点害怕，日后接触多了，才发现他对学生是一副慈父心肠”[⑦]，于是暗地里送了他一个“猫 Cat”的外号。

①② 陈雪尧、肖怀：《谢英伯生平》，载中国人民政治协商会议广东省梅县委员会文史资料委员会编《梅县文史资料》第 14 辑，1988 年。

③《诗人教育家何剑吴》，载李小松、梁翰著《禺山兰桂》，政协番禺县委员会文史资料委员会 1986 年，第 251 页。

④ 柳嘉：《我在南武的回忆》，广州市南武中学内部资料。

⑤⑥ 曾昭璇：《记爱国诗人黄节先生》，载广东炎黄文化研究会、顺德市政府文体局编《岭峤春秋：黄节研究论文集》，中山大学出版社 2003 年版，第 250 页。

⑦ 王月华：《故纸生香系列丛书：先生》（增订本），中山大学出版社 2018 年版，第 70 页。

图 3-13 何剑吴早年像[①]

图 3-14 何剑吴中年像[②]

何剑吴原籍番禺沙湾玉堂乡[③]，少年时曾与黄节同在大儒简朝亮门下同窗受业，后入读香港皇仁书院，毕业以后在上海江海关任职，同时在沪发起创办新式学堂“人境学社”。这是当时旅沪粤籍人士发起的一个进步团体，经常组织阅读、讲学、研究、体育锻炼及国语改良等活动，以“维持公益，力图进步”为己任[④]，在拒约运动中表现激进[⑤]。拒约运动缘起于 1894 年 3 月清廷与美国签订的《限禁来美华工保护寓美华人条约》，致使在美华人遭受严重的不公待遇和种族欺辱。1904 年 12 月条约到期，然美方却拒绝废约，清廷对此态度屈从软弱，激起举国愤慨，掀起一场轰轰烈烈的抗美拒约运动。

首先发动抵制的是粤沪两地的商人团体。1905 年 5 月 10 日，以曾少卿为首的上海总商会通过集体协商，得出两项决议递送给在华盛顿

① 何氏后人藏。

② 广州市南武中学藏。

③ 现属番禺沙头镇南双玉村。

④《人镜学社简章》，载《警钟日报》1904 年 10 月 21 日第 4 版。

⑤ 黄贤强论及人镜学社时曾专门指出：“在其他社团试图做出和缓姿态，如要求美方先改善在美华人中的非劳工人员待遇（包括官员、商人、教师、学生、游客等等）时，人境学社依然坚持不以社会地位来区分的‘众人生而平等’的理念，主张劳工同样应该受到平等对待……”参见黄贤强著《1905 年抵制美货运动：中国城市抗争的研究》，高俊译，上海辞书出版社 2010 年版，第 37 页。

的中国公使馆以及国内 20 余个城市的商会组织。5 月 19 日，广州绅商以“八大善堂”及“七十二行”的名义联合社会各界举行集会，亦通过两项决议，拟定本地拒约事宜。[1] 绅商牵头的抵制活动开始以后，粤沪两地的行业协会、同乡团体、学生团体、文艺团体，甚至女性社团等各界人士也纷纷加入。7 月 16 日，上海人境学社社员冯夏威在美国领事馆门前服毒自杀，引起轩然大波，掀起运动高潮（图 3-15）。

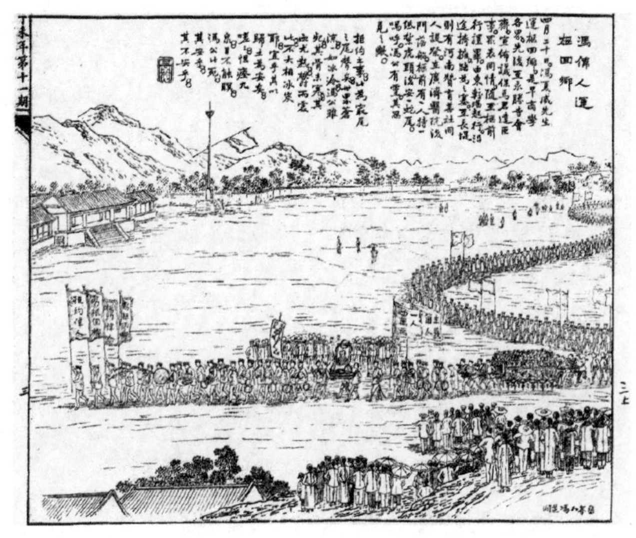

图 3-15 《时事画报》所刊《冯伟人运柩回乡》漫画场景[2]

冯夏威自杀的同一天，“抵制苛待华工不用美货总公所”在广州成立，由郑观应等八位总商会人士担任主席，集体决议自 8 月开始禁用美货。进入 8 月，两份以拒约为名的报纸在广州出世，一为黄节发起的《反美禁工拒约报》（简称《拒约报》），一为革命党人潘达微所办的《拒约画报》（正式出版时定名为《时事画报》），后者是近代中国

① 黄贤强：《1905 年抵制美货运动：中国城市抗争的研究》，高俊译，上海辞书出版社 2010 年版，第 52、62–72、83–90 页。

②《时事画报》1907 年第 11 期。

最早的一份时政漫画报纸。①

9 月，美国总统罗斯福之女爱丽丝访华，计划先到香港，再至广州。9 月 4 日，爱丽丝一行抵达香港，一幅题为“龟仔抬美人”的讽刺漫画忽然出现在省港两地的大街小巷，同时刊登于香港《世界公益报》及《时事画报》上。该漫画讥讽为美国人抬轿者为龟，极具煽动效果。② 著名历史学家陈垣正是漫画事件的亲历者之一，在 1959 年的一篇回忆文章中，他明确写道：“龟抬美人漫画即《时事画报》同人所出也。”③ 多年以后，潘达微后人亦曾透露，《龟仔抬美人》图（图 3-16）实为潘达微亲手所绘。④

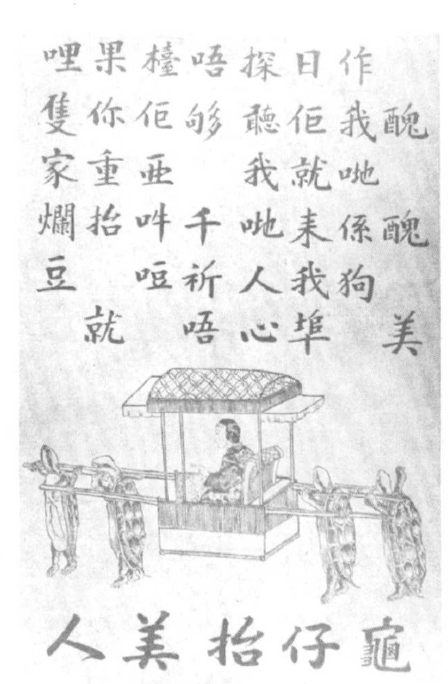

图 3-16 《龟仔抬美人》图⑤

冯夏威事件发生后，时任人镜学社社长的何剑吴被江海关解职，南武同仁遂迎其回粤，聘为校长。1906 年春，何剑吴正式出任南武校长。他不仅扩大招生、师资和校舍，还大力发展体育、绘画等特色科目，并为此专门聘请同盟会员潘达微（图 3-17）、高剑父（图 3-18）等《时事画报》同仁为该校

① 方汉奇：《中国近代报刊史》（下），山西教育出版社 2012 年版，第 310 页。

② 方汉奇：《中国近代报刊史》（下），山西教育出版社 2012 年版，第 298 页。

③ 陈智超编：《陈垣早年文集》，台湾“中央研究院”文哲所 1992 年版，第 406 页。

④ 黄大德：《李文健、潘剑波访谈录》，载广东省政协文史委员会、广东省美术馆编《魂系黄花：纪念潘达微诞辰一百二十周年》，广东人民出版社 2001 年版，第 229 页。

⑤ 广东省政协文史委员会、广东美术馆编：《魂系黄花：纪念潘达微诞辰一百二十周年》，广东人民出版社 2001 年版，第 61 页。

图画教员。[2]

1906 至 1907 年间，上海流行白喉，何剑吴家中“老父及妻子儿女，均染病死亡，仅存其庶母及妹”[3]。1906 年秋，何剑吴扶父亲灵柩归于广州[4]，庶母宋铭黄（图 3-19）也随之来粤，在随后成立的南武女学部任刺绣教员，与潘达微、高剑父等革命党人往来密切，成为晚清广州同盟会骨干之一，后成为高剑父之妻。

图 3-17　潘达微像[1]

1907 年，南武女学部在何剑吴的主持下正式成立，取名“洁芳”，校址位于河南跃龙里。[5] 此时徐氏姐妹刚刚出国，而跃龙里正是徐氏姐妹夫家“金碧辉煌”的宅邸所在。[6] 与育贤、贞德一样，洁芳女学的生源也来自近河中心的“绅商大户及其姻亲家族的子女”[7]，师资亦来自先前两所女校创始人深度关联

① 广州市黄花岗公园藏。

② 广州市南武中学内部资料。

③ 朱英和口述、沈琼楼执笔：《清末广州河南两间私立学校——育才书社和南武公学》，载《广州文史资料》第 10 辑，广州市政协文史资料研究委员会 1963 年编印，第 85 页。

④⑤ 朱信：《何剑吴老师年谱》，广州市南武中学内部史料。

⑥ 郭廷以校阅、王聿均访问、谢文孙记录：《莫纪彭先生访问记录》，载台湾“中央研究院”近代史研究所 1997 年，第 94–95 页。具体门牌为跃龙里 11 号，详见《李庆春确无证据》，载《申报》1913 年 9 月 29 日。

⑦ 朱英和口述、沈琼楼执笔：《清末广州河南两间私立学校——育才书社和南武公学》，载《广州文史资料》第 10 辑，广州市政协文史资料研究委员会 1963 年编印，第 87 页；麦汉永：《南武学堂之创办历程》，载广州市政协文史委员会编《广州文史资料存稿选编》第 7 辑，中国文史出版社 2008 年版，第 27 页。

的志士群体，因此洁芳应可视为承继育贤、贞德女学脉络的历史延续。

图 3-18　高剑父像[①]

图 3-19　宋铭黄像[②]

2. 南武、洁芳与广州同盟会

洁芳女校开办的同年，浙江光复会发动的反清武装起义不幸失败，秋瑾、徐锡麟、马宗汉等革命志士英勇就义，引发轩然大波，尤其是秋瑾之死，更是举国震动。跃龙里的两位富室少奶徐佩兰、徐佩萱直将本名弃之，改名徐慕兰和徐宗汉。慕兰之名，可有两种理解——倾慕花木兰或罗兰夫人，一为中国古代的巾帼英雄，一为法国大革命时期的救国女杰，二人事迹均于晚清被重新演绎并广泛流传。（图 3-20）[③] 宗汉之名，亦是一语双关，既能让人联想到刚刚就义的烈士马宗汉，又可隐晦表达民族革命之意。因此，慕兰、宗汉不论取何种解读，热切涌动的救国心念都溢于言表。同年，徐宗汉的丈夫李晋一病逝，她便与二姐佩瑶远赴马来西亚，在槟榔屿开办女学。[④] 同年，徐慕

②② 高剑父纪念馆藏。

③ 夏晓虹：《晚清女性与近代中国》，北京大学出版社 2014 年版，第 226–263 页。

④《抄徐宗汉革命事略》，珠海市博物馆藏。

兰的长子李应生在西贡加入同盟会[①]，次子李沛基仍居跃龙里，就学南武。[②]值得一提的是，此时的跃龙里李宅的李庆春正奉水师提督李准之命，防范"匪党"，殊不知李宅正是"匪党"的秘密据点。[③]

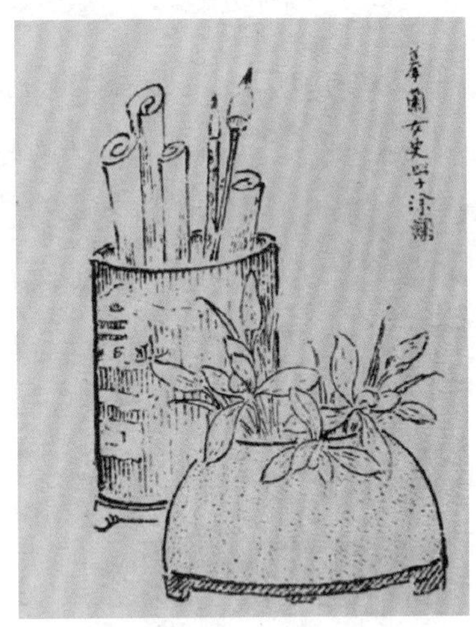

图 3-20　徐慕兰手绘 1907 年《时事画报》插图两帧[④]

1908 年秋，徐宗汉由南洋回到香港，正式加入同盟会，并介绍多位亲友加入，其中包括李沛基。[⑤] 1909 年，香港同盟会以各地党势日盛，"添设南方支部，以扩大组织。遂推举胡汉民为支部长"[⑥]。2 月，南方支部在广州设立通讯处，以裱画店作掩护，曰守真阁，由高剑父、徐宗汉、潘达微、梁焕真、胡少瀚、朱述堂等同志筹备成立。[⑦]其中，

① 冯自由：《革命逸史》（第 4 集），中华书局 1981 年版，第 158–159 页。

②《申报》1912 年 1 月 23 日，第 6 版，曰"沛基二月时尚在河南南武学堂肄业"。

③ 陈晓平：《女飞行家李霞卿家世补说》，澎湃新闻 2023 年 7 月 3 日（https://www.thepaper.cn/news Detail_forward_23505776）。

④ 分别出自《时事画报》1907 年第 6、7 期。

⑤《抄徐宗汉革命事略》，珠海市博物馆藏。

⑥ 冯自由：《香港同盟会史要》，载《革命逸史》第 3 集，中华书局 1981 年版，第 236 页。

⑦ 冯自由：《香港同盟会史要》，载《革命逸史》第 3 集，中华书局 1981 年版，第 234 页。

潘达微、高剑父不仅同为南武教员，而且还是广州同盟会的核心人物，故下文作一简要介绍。

潘达微（1880—1929 年），号心薇，字冷残、铁苍、影吾、景吾等，有多种笔名，兼画家、摄影师、实业家和慈善公益人等多种身份，是广州广仁善堂的善董潘文卿之子。1895 年前后，潘携妻陈玮庄至龙导尾，利用世家子弟身份便利开展革命活动。（图 3-21）1904 年，他与麦公敏等人在歧兴南约开办赞育善社。① 1905 年，潘达微受孙中山嘱托，为革命筹款数千，同时创办《拒约画报》（后更名《时事画报》），以"震懦砭愚"为己任，宣传革命思想，力图成为时代的"暗室之孤灯，迷津之片筏"②；1908 年，潘达微在香港德辅道创办"民生画报社"，在河南担杆巷设"守真阁"，作为革命党人的秘密机关。③

图 3-21　潘达微夫妇合影两帧④

① 郑春霆:《岭南近代画人传略》，香港广雅社 1987 年版，第 135 页。

② 讱生:《时事画报出世感言》，载《时事画报》1905 年第 1 期，第 25 页。

③ 李文健:《有关我外公潘达微的一些资料》，广东省立中山图书馆藏，黄大德捐赠于 1991 年。此外，郑春霆在《岭南近代画人传略》中亦有相关记载："宣统元年己酉，与朱述堂、高剑父、黄克强夫人徐宗汉等，于广州河南担干巷摄守真阁裱池店，党人常集其中，阁中密室储藏弹药机械，常由潘妇拌新妇归宁，借为偷运进城，供应党人。"详见郑春霆:《岭南近代画人传略》，香港广雅社 1987 年版，第 257 页。

④ 潘达微后人家藏，黄大德先生惠赠，特此致谢！

高剑父（1879—1951 年），原名高崙，字爵庭，广东番禺员岗村人，其早年曾游学日本，与其弟高奇峰、陈树人等致力于国画改革，开创了“折中”新国画，后称“岭南画派”。[①]（图 3-22、图 3-23）早在 1903 年，高剑父便与弟弟高奇峰在龙导尾一间名为“永铭斋”的美术玻璃店工作。如前所述，自清中期始，近河区域成为生产广彩瓷器的主要区域，瓷器生产过程中需要一定数量的美术技师从事瓷胚绘制，这恰好为河南的地方画人提供了就业机会，同时也吸引了具有相似需求的行业在此聚合，比如永铭斋。永铭斋的开办者，是美瑞丹会牧师萧雨滋与吴硕卿，并有区凤墀、杨襄甫从旁协助。[②]区、杨二人不仅是具有革命志向的基督徒，而且是孙中山的亲密盟友，开办永铭斋时期曾与孙一同居住在河南瑞华里，并掩护其死里逃生。[③]

图 3-22　高剑父画作《东战场的烈焰》[④]

图 3-23　高剑父画作《风暴中的十字架》[⑤]

① 李伟铭：《高剑父及其新国画理论——〈高剑父诗文初编〉前言》，载《图像与历史——20 世纪中国美术论稿》，中国人民大学出版社 2005 年版，第 129-147 页。

② 麦梅生：《基督教在广东》，载广东省文史研究馆编《广东文物》卷 8，上海书店出版社 1990 年版，第 752 页。

③ 黄宇和：《孙文革命：圣经和易经》，广东人民出版社 2016 年版，第 164-200 页。

④ 广州艺术博物院藏。

⑤ 香港中文大学文物馆藏。

那么此时执掌南武的校长何剑吴，是否也加入了同盟会呢？尽管在目前有关广州辛亥革命的主流史料中，鲜见提及他的名字，但仍可从多个侧面证实他的革命立场及其与同盟会的密切关系。首先，在介绍教育家、语言文字改革家韦悫的相关史料中，有其“在南武学校读书时，由南武学校校长、同盟会会员何剑吾介绍参加了同盟会”[①]的信息；其次，南武学生杨淑珍曾在回忆录中写道：“辛亥革命前夜，南武中学及其姐妹学校洁芳女子中学，同是南武公学会主办的，又同时成为辛亥革命党人在河南的两个秘密机关。那时剑师（即何剑吴）的庶母宋铭黄是洁芳的教师，早已和革命党人同声同气，便教育和策动洁芳女同学多人，传递革命信息，探听清兵情况，甚至赴港运送军火供革命党人使用。”再次，在何剑吴逝世之后，国民政府教育部曾颁《教部褒扬何剑吴令》一则，其中明确写道：“查广州市私立南武中学前校长何剑吴，早岁提倡革命，不遗余力……”（图 3-24）[②]综上所述，应可判定何剑吴校长为同盟会会员无疑。这是南武、洁芳得以成为革命机关的充分条件。1939 年春，何剑吴在香港病逝，其生前希望能归葬南武校园（图 3-25）。1946 年 9 月，南武师生遵照其遗愿，迎何校长遗骸回校，葬于校园乌龙岗东。[③]1958 年，何剑吴墓不幸被毁，得知消息后，师生数人将其骸骨迁至黄花岗畔悄悄安葬，终与昔年革命同仁毗邻而眠。[④]

① 王远明主编：《风起伶仃洋：香山人物志》，广东人民出版社 2006 年版，第 283 页。

② 广州市南武中学藏。

③ 朱信编：《何剑吴老师年谱》，广州市南武中学内部资料。

④ 柳嘉：《我在南武的回忆》，广州市南武中学内部资料。

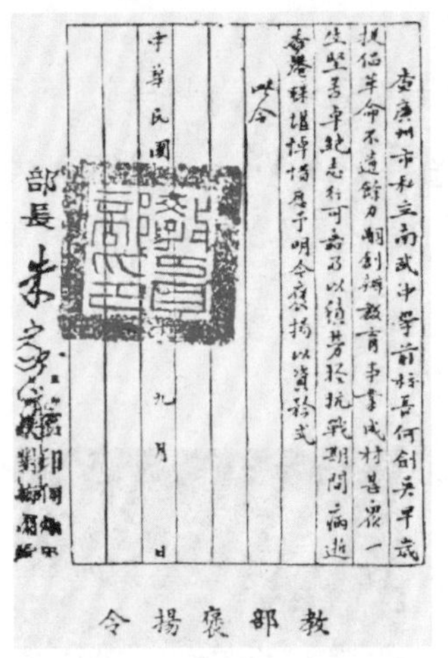

查广州市私立南武中学前校长何剑吴早岁
投倡革命不遗余力嗣创办教育事业成材甚众一
生坚苦卓绝志行可嘉兹以绩劳于抗战期间病逝
香港殊堪悼惜应予明令褒扬以资矜式
此令
中华民国　　九月　　日
部长 朱家骅

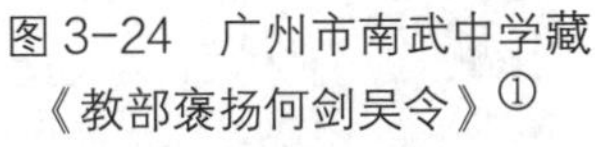

教部褒揚令

图 3-24　广州市南武中学藏《教部褒扬何剑吴令》①

图 3-25　民国时期南武校园内何剑吴墓②

3. 南武教员、广彩改良与武装起义

执掌南武后，何剑吴即聘请同盟会骨干潘达微、高剑父为美术教员。③这一时期，他们一边在南武执教，一边发展革命据点，积极筹备革命武装起义，秘密研制炸药。其中，炸药的研制主要以烧制广彩的窑口作为掩护，这便不得不提到当时与高剑父、高奇峰兄弟往来密切的一位广彩大师刘群兴。

1877 年，刘群兴降生在广州河南蒙圣里瑞仁大街八间巷。他三岁丧父，六岁入私塾，与高奇峰成为同学，加之住所邻近，于是和高氏兄弟常有往来。当时高剑父已在二居门下习画，见刘群兴颇有天赋，便教授予他。十二岁时，刘群兴因家境困难，到西关一户陆姓人家中做书童。乘工作之便，他得以博览群书，从中接触到西方华工、医学、陶瓷等多方面的近代知识。与此同时，他向高剑父习画也从未间断，画技日渐成熟

①② 广州市南武中学内部史料。

③ 张繁文:《岭南画派的传播研究》，辽宁美术出版社 2020 年版，第 177 页。

（图 3-26）。[①]

1892 年，刘群兴经六兄教友介绍，到基督教美瑞丹会牧师吴硕卿开设的永铭斋刻花玻璃店当学徒，其间曾与高奇峰、高剑僧兄弟（图 3-27）密切合作。三年的学徒生涯使刘群兴全面掌握了西洋画基本技法、玻璃彩绘、玻璃彩珐琅、上彩后烧焗颜料、焗熔控制以及颜料的制造，为日后发展彩瓷事业打下基础。[②]

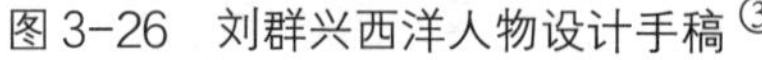

图 3-26　刘群兴西洋人物设计手稿[③]

图 3-27　高奇峰、高剑僧兄弟[④]

1904—1905 年间，有瓷庄经理见到刘群兴自研玻璃颜料所制的两只瓷碟，深被其技艺折服，当即聘其为瓷庄的彩绘工人。1906 年，刘群兴在广州彩瓷界已小有名气，同时在几家瓷庄绘高级精细瓷。是年，高剑父赴日留学，6 月在东京加入同盟会。[⑤] 在此期间，潘达微等人也

①② 刘致明、刘致祥、刘致远：《刘群兴与广东陶瓷制造及广东彩瓷业》，载广东民间工艺博物馆编《世纪嬗变：十九世纪以来的广东省港澳广彩》，岭南美术出版社 2008 年版，第 13 页。

③ 刘氏后人家藏。

④ 高剑父纪念馆藏。

⑤《中国同盟会成立初期（乙巳、丙午两年）之会员名册》，载陈夏红选编、杨天石审订《辛亥革命实绩史料汇编：组织卷》，中国大百科全书出版社 2011 年版，第 341 页。

在《时事画报》上大力提倡美育，呼吁以美术革新来改良传统工艺品，通过“振兴实业”，使中国赢得商战。[①] 1907 年初，画报同仁举办博览会，展出高氏兄弟的陶瓷作品，《时事画报》以“提倡实业”为题辟专版报道（图 3-28）：

广武学会罗乐之、尹笛云诸君，组织一博览会，正月十六、七日，连日开会研究，陈列高芍亭、灌田两昆之制生标本及古器、矿产甚多。来宾数百人，茶会演说而散。按：中国实业一日不兴，漏卮一日不塞，则国日益瘠，民日益贫，恐欲求今日之中国，亦不可得也。幸天未绝汉，民智日开，渐知趋重于实业。博览会之设，虽未达工艺一级，而胚胎已联于此矣。（钤印：“富强之基”）

图 3-28　1907 年第 2 期《时事画报》对博览会报道纪实画[②]

文中“高芍亭”即高剑父，“灌田”即高剑父兄长高灌田，此时的高氏兄弟已对陶瓷改良产生兴趣。同年，刘群兴受几间瓷庄之邀，往

① 曾应枫、李焕真编：《织金彩瓷 广彩工艺》，广东教育出版社 2013 年版，第 113 页。
② 丁未年（1907 年）第 2 期《时事画报》。

返江西景德镇观摩，并采购废御窑厂剩余旧素胎。在考察期间，刘群兴萌发了在广东制造白瓷坯的构想，便在景德镇与广东多地进行了认真详细的考察，掌握了大量的第一手资料。[①] 是年 7 月，高剑父回穗偕奇峰一同留日，刘群兴亦欲同往，但因答应帮忙照顾幼弟剑僧而留穗，剑父亦允诺学成归来后必倾囊相授，并将同盟会的事业如实相告，嘱刘群兴尽量扩大彩瓷制造，以应日后革命之需。刘群兴欣然允诺，亦将在景德镇及广东各地调查瓷业情况告知，高氏鼓励刘群兴“若经济许可就在广州小试，积累经验，待孙先生实施革命成功之日才能一展抱负”。高剑僧自此开始跟随刘群兴学习绘画和彩瓷。[②]

1908 年初，高剑父学成归国。此时香港同盟会已经成立，与广州的革命党人联系频密，同盟会南方支部亦筹建在即，准备在广州发动武装起义。高氏兄弟遂与潘达微、陈树人、刘群兴等人在宝安南之安庆里开设广彩作坊，并合股成立“广东博物商会”（亦作“广州博物商会”），后因规模扩大，作坊迁至宝安社保光里，一面从事广彩改良，一面研制炸药。（图 3-29）[③] 据刘群兴三位儿子的撰述，当时“陈敬岳由南洋支部派遣到广州暗杀李准时是住瑞仁大街，亦是博物商会之接待地点。由于地点较为荒僻，即使较多人员出入而不会引起清廷注意，还能将研制炸弹的炸药、化学药品、炸弹壳及枪支弹药均混在瓷器制品内运输。剑父见群兴已有家室，且在业界颇有声誉，绘制瓷器有很大信誉，在广彩业界颇有声誉，故秘密发展为同盟会员，知情人仅有剑父及潘达微两正副会长而矣”[④]。

①②④ 刘致明、刘致祥、刘致远：《刘群兴与广东陶瓷制造及广东彩瓷业》，载广东民间工艺博物馆编《世纪嬗变：十九世纪以来的广东省港澳广彩》，岭南美术出版社 2008 年版，第 13 页。

③ 梁绮虹：《浅谈广东博物商会与辛亥革命》，载《广州文博》2011 年号，第 278 页。

图 3-29 高剑父所办的《真相画报》刊登当年制炸药处 ①

博物商会开办数年间，先后烧制高剑父、高奇峰、潘达微、陈树人、谭云波等多位《时事画报》同仁的精绘瓷器。其绘画结合居派题材技法，精写花卉、草虫、动物、人物题材，融入折中技法与革命思想，生产出一批轰动中外的彩瓷杰作，可惜现多已散失，能够保存下来的极少，有冷月栖篁图碟、潘妃图花口碟、群鹿纹圆瓷板、绘梅雀纹碟、绘玉兰花纹碟、绘春夜桃李纹碟和极具革命色彩的斩魔图碟（图 3-30）等。②

图 3-30 广东博物商会烧制的斩魔图碟 ③

4. 南武同仁与黄花岗起义

作为革命党人在河南的秘密机关，南武、洁芳在 1910 年的庚戌新

① 《真相画报》第 12 期。

② 梁绮虹：《浅谈广东博物商会与辛亥革命》，载《广州文博》2011 年号，第 279-282 页。但此文未收录斩魔图碟，该碟为黄大德先生发现并提供图片，特此致谢！

③ 黄大德先生提供。

军起义、1911 年的辛亥黄花岗起义以及革命党人刺杀凤山行动中，都曾发挥关键作用。这是因为广州同盟会的几位核心骨干，同时也是南武与洁芳的家长、学生和教员，且彼此之间往往还有着或同窗、或师生、或亲眷、或邻里等诸多层次的深厚关系。学界研究表明，正是这样一种“集多层次社会资本为一体的亲友型志士网络，广泛存在于近代中国变革的肌理之中”[①]。这一现象在徐氏姐妹、潘达微、高剑父、何剑吴、宋铭黄等人所构成的南武志士圈里，体现得尤为明显。

从目前可考的相关地点来看，上述一系列人物居所与洁芳、南武之间的距离非常近，两两之间步行均在五分钟内（图 3-31）。其中，徐氏姐妹居所与洁芳女校均位于跃龙里，不排除两者就是同一地点的可能。

作为南武的学生家长，徐慕兰一边向南武教员潘达微、高剑父等《时事画报》同仁学习绘画，一边也将自己的习作向该报供稿。徐宗汉则不仅是洁芳女校前身——育贤、贞德的发起人之一，而且还是侄子（兼外甥）李沛基、李应生兄弟思想上的启蒙者和革命事业上的引路人（图 3-32）。

图 3-31　广州同盟会河南机关及会员居所示意[②]

① 武洹宇：《多维社会资本交融与近代女性公益组织的生发——以清末广州“公益女学堂”为例》，载《浙江工商大学学报》2022 年第 5 期，第 30-40 页。

② 底图为 1912 年《广州市图》，红色标注为课题组制作。

1910年初，庚戌新军起义前夕，李应生与徐宗汉在高第街宜安里赁屋设革命机关，内藏青天白日旗帜。[①] 起义失败以后，李应生的牛奶场亦是策应党人撤退的秘密地点之一。[②] 是年前后，徐氏姐妹的小姑李佩书、女仆黄悲汉（原名郑水仙）以及男仆亚和等人，也在其影响下参加革命。女仆黄悲汉在黄花岗起义前夕与李应生结为夫妇，成为徐慕兰长媳。[③]

图3-32　黄花岗起义前夕的徐宗汉[⑥]

1911年春夏，辛亥黄花岗起义前夕，徐氏姐妹率众亲属为起义军冒死运输弹药。[④] 起义指挥部所在的小东营5号“朝议第”机关（图3-33），即由宋铭黄主理。据亲历者莫纪彭回忆，该宅“门首红条写着‘朝议第’三字，铭黄前夫之官衔也”[⑤]，由此可推断，何剑吴之父或曾受封五品朝议大夫。

①《抄徐宗汉革命事略》，珠海市博物馆藏。

② 李福林口述、莫纪彭笔录、李业宏整理补充：《李福林自述》，载《广州文史》第四十九辑。周之贞、刘铿：《辛亥九月清将军凤山伏诛记》，中国第二历史档案馆藏。

③ 帕蒂·哥莉：《飞天名媛：中国第一代女飞行家三人传》，张朝霞译，花城出版社2012年版，第147–148页。

④《抄徐宗汉革命事略》，珠海市博物馆藏。帕蒂·哥莉：《飞天名媛：中国第一代女飞行家三人传》，张朝霞译，花城出版社2012年版，第155页。

⑤ 郭廷以校阅、王聿均访问、谢文孙记录：《莫纪彭先生访问纪录》，台湾“中央研究院”近代史研究所1997年，第160–161页。

⑥ 中国人民政治协商会议广东省广州市委员会文史资料研究委员会编：《纪念辛亥革命七十周年史料专辑》（上），广东人民出版社1981年版。

图 3-33　小东营 5 号黄花岗起义指挥部旧址纪念馆内景[①]

此外，徐宗汉还在河南溪峡二十四号赁屋，以迎亲为掩护，为起义做准备。旧历三月二十九日下午，黄兴率领 120 余名革命志士发动武装起义，袭击两广总督署，史称“三二九起义”。这是同盟会发起的第十次武装起义，亦是革命党人牺牲最为惨烈的一次。原计划参加起义的十路大军，只有黄兴一路孤军血战，悲壮无比——“是役也，碧血横飞……草木为之含悲，风云为之变色”[②]——孙中山如此写道。起义失败后，清廷将百余具革命党人尸首移至广东谘议局外[③]。潘达微记录了 1911 年农历四月三日目睹尸骨惨状时的情境：“陈尸场上，逻者洞察尚严，积尸分数叠，折臂断脰，血肉模糊，目不忍睹。”[④]（图 3-34）

---

① 摄于 2017 年 7 月 22 日

② 孙中山：《〈黄花岗烈士事略〉序》，载邹鲁编《黄花岗烈士事略》，1923 年。

③ 广东谘议局旧址，现位于广州起义烈士陵园内，即今“近代史博物馆”的建筑主体。

④ 潘达微：《黄花岗七十二烈士殡葬之情形》，载广东省政协文史委员会、广东省美术馆编《魂系黄花：纪念潘达微诞辰一百二十周年》，广东人民出版社 2001 年版，第 194-195 页。

图 3-34 黄花岗起义部分烈士遗骸[①]

当探知清廷欲将烈士尸骨抛于一处随意掩埋行刑犯人的臭岗中时，潘氏当即前往两粤广仁善堂请求协助，终得沙河马路旁“青草白地”一块。农历四月四日，阴雨绵绵，潘达微用自己变卖棠东村祖屋所得钱款，为七十二烈士掩埋尸骨。对于当日情形，他亲笔写道：“当时伤心惨目，不可言喻。盖陈尸数日，继以夜雨，尸体霉胀，且各义士多被假发，发去脑袋，中攒无数小虫蠕蠕动，体缚以铁索，多合二、三人为一束。呜呼！……是日也，风雨愁云，行人绝迹 ……余随最后一棺，步送至红花岗……”[②]

起义失败当日凌晨，黄兴重伤，回到溪峡机关。次日，徐宗汉“始为克强（即黄兴）改装，亲送至哈德安夜轮，相携赴港”[③]。抵港以后，黄兴的手指伤势严重，入雅丽氏医院进行手术割治，按例需亲属签名

---

① 广州市辛亥革命纪念馆藏。

② 潘达微：《黄花岗七十二烈士殡葬之情形》，载广东省政协文史委员会、广东省美术馆编《魂系黄花：纪念潘达微诞辰一百二十周年》，广东人民出版社 2001 年版，第 194 页。

③ 冯自由：《革命逸史》（中），新星出版社 2009 年版，第 600 页。

免责，徐宗汉遂以黄兴之妻名义签署，其间悉心照护，直至黄兴痊愈，二人自此结为正式夫妻，成为辛亥革命史上的传奇佳话。[①] 黄兴脱险以后，避居香港，与徐慕兰、徐宗汉、李应生等同志谋划革命暗杀。1911 年 6 月 19 日，志士林冠慈炸伤广东水师提督李准，清廷随即派遣新任命的广州将军凤山[②] 前来镇压革命；9 月，凤山被年仅 16 岁的少年李沛基炸死，李应生、周之贞、李熙斌等从旁协助[③]。由此，李沛基一战成名（图 3-35）。

The True Record No. 12　眞相畫報第十二期

鳳山被炸之事實（一）

THE ASSASSINATION OF FENG SHAN WITH A BOMB.

李援之略歷

援號沛基廣東惠州人年十八性聰慧好學沉毅能詩工書十六歲時於廣州河南機關部培淑女校入同盟會自始奔走黨事不遺餘力辛亥廣州三月廿九之役君于城內機關部之屋背擲鄉炸彈其後事敗獨力出城當時旗兵守城甚嚴出入多被拿獲幸君年少且有辮髮觀亦誠實得脫於險遂出香港役暗殺團劇聞鳳山南下石自請爲執行員置尊貴身廠前街之機關部樓上日備十二磅重之炸彈待之及鳳至君盡力擲去即由樓後躍下幸得不死轟然一聲鳳帶已屍裂矣

（1）施放炸彈者李援肖像

1.—The Photograph of the Assassin, Li Yun.

（2）李援之盟書

2.—The Oath Contract of Li Yun.

中國同盟會會員李援係廣東省惠州府海豐縣人年十六歲

當天發誓同心協力驅除韃虜恢復中原創立民國平均地權矢信矢忠有始有卒如或渝此任眾處罰

天運庚戌四月

入會人李援

介紹人李應

主盟人高

（3）製炸彈處（廣州河南博物商會燒瓷廠）

3.—The Pottery in Honan, Canton—the place where the bombs are manufactured.

图 3-35　李沛基（李援）略历及盟书[④]

民国成立后，李氏兄弟分别赴美、法留学，归国后在沪港经商，与母亲徐慕兰一样，不问政事，不言功绩，低调地度过余生。[⑤] 宋铭黄与高剑父于 1913 年在沪成婚，高氏创办《真相画报》，刊载当年黄花岗起义及刺杀凤山事件的多则档案照片。[⑥] 何剑吴六度出任南武校长，将南武建成拥有“北有南开，南有南武”（美誉）的一代名校，终身

---

①《抄徐宗汉革命事略》，珠海市博物馆藏。

② 凤山（1859—1911 年），字禹门，汉军镶白旗。1911 年派任为广州将军，行抵广州时，被李沛基炸亡。详见张晓辉、秦洪芳《凤山将军被刺案新探》，载《晋阳学刊》2004 年第 2 期，第 85-86 页。

③ 周之贞、刘锃：《辛亥九月清将军凤山伏诛记》，中国第二历史档案馆藏。

④《真相画报》1913 年第 12 期。

⑤ 参见［加］帕蒂·哥莉《飞天名媛：中国第一代女飞行家三人传》，张朝霞译，花城出版社 2012 年版，第 149-154 页。

⑥《高剑父艺术年表》，载高剑父《高剑父新国画要义》，上海人民美术出版社 2016 年版，第 162 页。

从事教育事业。① 潘达微则于民国初年主持修建黄花岗七十二烈士墓，后在沪港商界工作，曾与李沛基一同供职于南洋兄弟烟草公司。其毕生致力于救助教养孤儿的慈善事业②，尤其是救助辛亥先烈的家属遗孤③。在孤儿院开办初期，徐慕兰曾与潘达微一起主持工作。④ 与此同时，徐宗汉也在南京开办了民国第一所贫儿教养院。⑤1929 年，徐慕兰与世长辞，身患重疾的潘达微含悲写下挽联——“骨肉结深交大半生，爱我若慈亲……数十载举家同救国，成功先退……”，落款为“谊子潘达微”（图 3-36）。我们由此得知，原来徐慕兰与潘达微之间，还有一层结拜母子的亲密关系。这幅挽联不仅是对徐慕兰一生崇高精神的精确写照，更是昔年共赴国难的南武同仁间刻骨情谊的珍贵缩影。

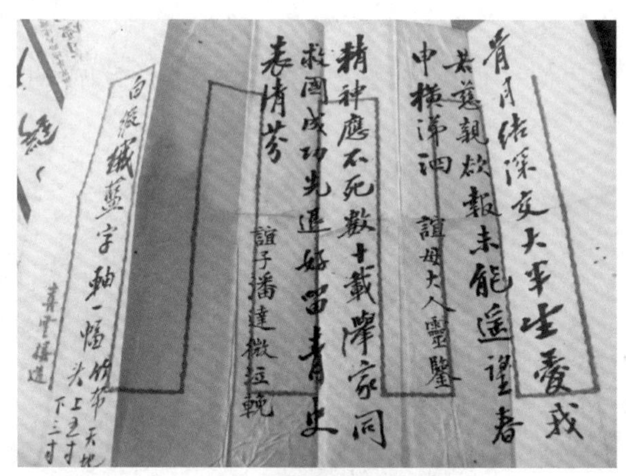

图 3-36 潘达微挽徐慕兰联⑥

① 朱信编：《何剑吴老师年谱》，广州市南武中学内部资料。

② 参见广东省政协文史委员会、广东省美术馆编《魂系黄花：纪念潘达微诞辰一百二十周年》，广东人民出版社 2001 年版，第 267–274 页。

③ 朱广：《洪门义士朱述堂与暗杀团》，载广州市文史研究馆编《南粤人物》，花城出版社 2018 年版，第 128 页。

④《申报》1913 年 9 月 26 日第 6 版。

⑤ 周敏、关庆凡：《“香山女侠”徐宗汉与民国第一所贫儿院》，载《兰台世界》2015 年 5 月号。

⑥ 潘达微后人珍藏，黄大德先生惠赠照片。

五、保粹堂与文化反思的双向交织

黄花岗起义当年，一本以“保粹堂”之名刊印的族谱在广州付梓。三年以后，一座名为“保粹堂”的书屋在今龙凤街道兴隆中约建成（图 3-37），一位重要学者黄任恒（图 3-38）曾在此隐居长达半个世纪。第一部系统梳理、记载汉代以来两千余年有关广州河南各乡历史文献掌故的珍贵志书——《番禺河南小志》即由他撰写。在该书“自序”中，黄任恒清楚地介绍了自己家族与近河中心的渊源关系，他写道：

余家南海，九代书香，改儒从商自先考始。咸丰十一年（1860）设酒米肆于河南漱珠桥。久之环珠桥，冼涌别设两肆，又设饷押于龙导尾。其时，磐卷侨处，泛无定居。叔侄兄弟，亦多商寓斯土焉。至余子孙，历传四世。余家之于河南亦可谓生于斯，长于斯，聚族于斯。[①]

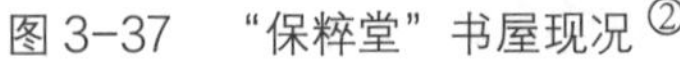

图 3-37 “保粹堂”书屋现况[②]

图 3-38 黄任恒像[③]

① 黄任恒：《番禺河南小志自序》，载黄任恒编撰，黄佛颐修订，罗国雄、郭彦汪点注《岭南文库：番禺河南小志》，广东人民出版社 2012 年版，第 1 页。

② 摄于 2023 年 7 月 4 日。

③ 广州市海珠区博物馆藏。

查保粹堂刊印的《南海学正黄氏家谱》（图 3-39）可知，黄任恒祖籍位于佛山南海学正村，今属佛山市南海区大沥镇中部的平地村。事实上，在黄氏先祖迁来以前，此地就叫“平地乡”。据黄氏族谱记载，黄氏始祖乃宋朝末年的抗元忠烈黄世雄。黄世雄，南雄珠玑巷人，官至南京六提领，随文天祥部将刘子俊一起殉国。黄世雄之子黄应科，宋末官至广西郁林州学正，元兵度岭时，侍奉母亲逃至广州，后定居南海平地乡，此后拒不出仕，终生讲学，乡人遂以其“学正”之职命名乡里，故有“学正乡”一名。黄氏一族自此在这里瓜瓞绵延，耕读传家，发展出四个房支，并于明清两代取得了四名举人和两名进士的科举成就。

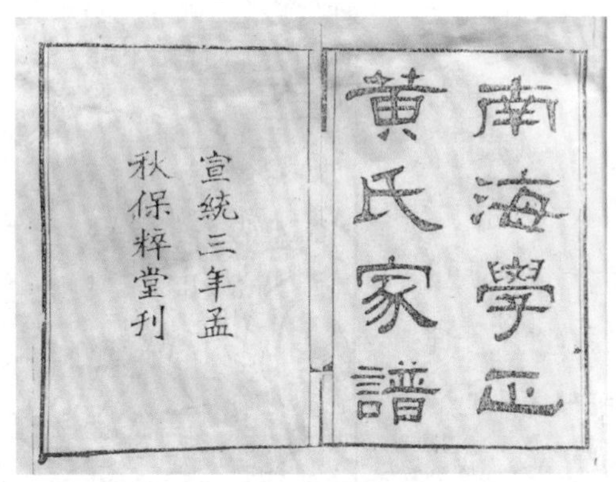

南海學正
黃氏家譜

宣統三年孟
秋保粹堂刊

图 3-39　保粹堂刊印的《南海学正黄氏家谱》封面[①]

黄任恒属学正黄氏二房梅轩支的第十八世。除梅轩之外，二房还有仁德、勉庵与南溪三支，其中南溪支七世有举人黄文庆，十世有举人黄煜[②]，黄任恒因此自述“九代书香”，所言非虚。直至黄任恒的父亲黄元康，才于 1860 年迁至近河中心“改儒从商”。书卷香与算盘声之间的频密对流，揭示了一口通商时代岭南的读书人在科举之外，还

① 广东省韶关市南雄珠玑巷博物馆藏，图片由南国古韵数字图书馆提供。

②《南海学正黄氏族谱》，载北京图书馆编《北京图书馆藏家谱丛刊：闽粤（侨乡）卷》第 4 册，北京图书馆出版社 2000 年版，第 693、695 页。

可通过经商和捐官来实现向上的社会流动。这意味着清代广州有很大一批“商”，其实一直共享着“士”的日常生活与精神追求，黄任恒的家族便是其中显例。

据黄氏后人黄颂昇讲述，黄元康曾在漱珠桥开酒铺，名“宝缘”，在还珠桥开店铺，叫“美泰”，另有一间称“逢源”[①]，亦符合黄任恒对父亲经营“酒米肆”的描述。1900 年，“改儒从商”四十载的黄元康，终于捐了赏戴蓝翎。这一年，京城大闹义和团，他的次子黄任恒 26 岁。两年以后，黄任恒也捐得监生。[②] 这时期的黄任恒，正是岭南知名学堂“学海堂”的课生。对于当时的读书人来说，这无疑是一个值得终身骄傲的身份——“学海堂的学生，又都是当时广东最优秀的生员，学海堂几乎囊括了广东士子的精英，成为当时广东读书人所向往的书院”[③]。(图 3-40)

图 3-40　清・黄培芳《学海堂全貌图》[④]

---

① 秦建中主编:《海幢》，广东旅游出版社 2018 年版，第 183 页。

②《南海学正黄氏族谱》，载北京图书馆编《北京图书馆藏家谱丛刊：闽粤（侨乡）卷》第 4 册，北京图书馆出版社 2000 年版，第 753 页。

③ 黄泳添、杨丽君主编，广州市越秀区地方志办公室、广州市越秀区政协学习文史委员会编:《广州越秀古书院概观》，中山大学出版社 2002 年版，第 102 页。

④ 岭南学报编辑委员会:《岭南学报》(广东专号）上第三卷第四期，广州私立岭南大学 1934 年版，图页。

这是一座在中国书院史上具有里程碑意义的著名学府，由清代著名学者、时任两广总督的阮元于1820年创办。书院首创导师制，倡导实学，后又增加数学、天文历算等课目，扭转了清前期以来一味专营科考技巧的功利风气，也改变了600余年来中国书院以理学为主的教育局面。此外，与当时其他书院不同的是，学海堂不设山长，实行学长制。堂中学长由八位德高望重的学者担任，共同商定书院内的大小事务，并负责出题评卷。从1820年创办到1897年最后一次招生，学海堂前后共有学长55位，汇集大量知名学者，培养出陈澧、谭莹、廖廷相、桂文灿、梁启超等优秀毕业生260余人，成为清代广东最重要的学术与文教中心。它确立的办学宗旨、规章制度、管理体系、教学内容乃至考核方式，无不为当时和日后的书院、学堂所参照效法，远在武汉的两湖书院、经心书院，成都的尊经书院以及太原的令德书院，还有广州闻名遐迩的广雅书院，均受到学海堂的深刻影响。① 学风的扭转和制度的创新，极大地开拓了广东学人的精神视野，大批潜心钻研学问而不事外求的人才在岭南涌现，使得一直落后于江浙的广东学术获得了长足的发展。②

在学海堂读书期间，黄任恒结识了毕生挚友黄荣康。黄荣康（1877—1945年），字祝蕖，号凹园、蕨庵，广东三水人，早年在南海做童子师，后在广州开办祝蕖国文专修学校，一生笃好著述。③ 可惜他们在学海堂的美好时日并不长久。1903年，学海堂奉诏停办④。1905

---

① 艾尔曼、车行健：《学海堂与今文经学在广州的兴起》，载《湖南大学学报（社会科学版）》2006年第2期；李沈阳：《传道授业：中国传统书院教育》，山东大学出版社2017年版，第66–68页。

② 黄泳添、杨丽君主编，广州市越秀区地方志办公室、广州市越秀区政协学习文史委员会编：《广州越秀古书院概观》，中山大学出版社2002年版，第102–103页。

③ 夏令伟：《论三水黄荣康〈击剑词〉的四次结集及阶段特征》，载安徽师范大学中国诗学研究中心《中国诗学研究》第17辑，安徽师范大学出版社2019年版，第164页。

④ 方志钦、蒋祖缘主编：《广东通史：近代》（上），广东高等教育出版社2010年版，第982页。

年，清廷废除科举，黄任恒自此无意仕进，一心治学，同时不遗余力地收藏古籍。

1911 年，辛亥鼎革。这一年，黄任恒完成了叔叔黄保康所著两本医书《吴鞠躬鞠通方歌》《陈修园方歌》的注解工作并加以刊印。[①] 同年秋，黄任恒亲自编撰的《南海学正黄氏家谱》以“保粹堂”之名刊印。[②] 此时兴隆中约的保粹堂书屋尚未筑成，可见“保粹”之名早在书屋建成之前就已经出现。那么他心中欲保之“粹”，究竟是什么呢？黄荣康在 1914 年所作的《保粹堂记》中清楚地写道：“……君子之所学者，诗书礼乐易象春秋之文，所识者，尧舜禹汤文周孔孟之道。即有时旁及百家，兼收并蓄，而其所载者，要不背乎圣经贤传之旨，乃所谓粹也”[③]。可见“保粹”之名完全继承了学海堂精神与文脉。而这一年，也正是有人提议重开学海堂之时——“窃欲重开此堂，使吾乡群秀，博通古今，读有用之书，成有用之才，出可以效忠于国家，处可以施教于乡里。”提议之人是曾为末代皇帝溥仪老师的著名诗人梁鼎芬。[④] 但由于时局纷乱，重开之议，后来便不了了之了。

三年后的秋天，保粹堂在兴隆中约落成，38 岁的黄任恒遂于“天下汹汹”[⑤] 的乱世中，几十载如一日地藏书、著书，笔耕不辍。据《保粹堂丛稿叙录》所载，黄任恒总计著有各类书稿 45 种，其中补史类有《后汉书注引书考》《三国志注引书考》《辽代年表》《补辽史艺文志》等；金石考古类有《砖书叙录》《钱书叙录》《辽代金石录》《金石传世录》《信古阁金石记》《石例简钞》等；古典文学史类有《楚辞叙录》

① 高日阳等主编：《岭南医籍考》，广东科技出版社 2011 年版，第 214–215 页。

② 徐学林编：《徽州刻书史长编》第 8 卷，安徽教育出版社 2014 年版，第 3184–3185 页。亦可参见广东省韶关市南雄珠玑巷博物馆藏《南海学正黄氏家谱》。

③⑤ 黄荣康：《保粹堂记》，载陈永正、徐晋如主编《百年文言》卷一，浙江古籍出版社 2015 年版，第 35 页。

④ 梁鼎芬：《重开学海堂启》，载杨敬安辑《节庵先生遗稿》，香港（排印本）1962 年印，第 86 页。

《文选叙录》《辽代文学考》《辽文补录》等，其中《辽文补录》是补正缪荃孙《辽文存》之作，因辑补了西夏、高丽时期作品，尤为可贵；古籍目录版本类有《珍书传世录》《信古阁钞本书目》等；广东文献类有《粤峤名流》《云泉山馆小志》《番禺河南小志》《信古阁粤书目》《粤东砖志》等，是其用力最勤的研究领域；医学杂艺类有《疗症类方》《辨物镜》以及《戏术录》。[①]

“躲进小楼成一统，管他冬夏与春秋”，鲁迅先生的自嘲诗句，更像是黄任恒后半生的真实写照。但平静的隐逸生活其实从来不是他生活的目的本身，而更像是他坚守学海堂精神的一种倔强方式。事实上，这种倔强曾在他 44 岁那一年，冲破书斋，外显于世。这是五四新文化运动爆发的第二年，在“反对旧道德，提倡新道德；反对旧文学，提倡新文学”的热浪声中，黄任恒与黄荣康却要逆流而上——他们决意重开学海堂课。黄荣康对此回忆道：

庚申、辛酉之岁，予寓于古花洲之一粟楼，与宗人秩南保粹堂相近。秩南固尝为学海堂课生，因怂予同究斯业。时天下分崩，南北竞斗，吾粤方设立军政府，羽檄纷驰，征徭不息。山堂旧址，圈为禁地，壁垒森严，畴昔宴游讲习之所，不可复至。遥望红棉落日，戍旗飐风，徒增感喟。[②]

黄任恒当年就读时，学海堂已是强弩之末，但“这最后的荣誉还是足以让他们在民国年间用复学海堂课的方式去重现他们理想中的广东文化事业”[③]。为此，黄任恒和黄荣康联络了雅好文教的省长张锦芳，

① 可惜的是，黄任恒的著作除《补辽史艺文志》和《番禺河南小志》外，绝大部分没有刊印，现全部遗稿保藏在其后人手中。鲁人：《广东历史文献学者黄任恒和他的遗著》，载黄任恒编撰，黄佛颐修订，罗国雄、郭彦汪点注《番禺河南小志》，广东人民出版社 2012 年版，第 436–437 页。

② 黄荣康：《学海堂课序》，载《求慊斋文集》卷四，1934 年铅印线装本。

③ 程美宝：《地域文化与国家认同：晚清以来“广东文化”观的形成》，生活·读书·新知三联书店 2006 年版，第 202 页。

并获其支持，借当时清水濠图书馆的场地，聘请“周朝槐宸臣、潘应祺漱笙、汪兆铨莘伯、姚筠俊卿、何藻翔翙高、汪兆镛憬吾、沈泽棠芷邻、林鹤年璞山八人为学长。其后宸臣、璞山辞职，补以卢乃潼梓川、杨翰芳季浩。命题分校，悉如旧规”①。可惜省长张锦芳很快离任，继任者对此并不热心，学海堂课仅复一年即废。1922 年，黄荣康将此两年课稿抄成两卷铅印，名《学海堂课艺》。②从考课的题目可见，其中经史诗赋各体俱备，完全模仿昔年情形。当时考课的题目有：《焦里堂易学三书跋》《七政解》《禹贡三江九江考》《拟撰公羊大义》《汉书西南夷传书后》《续钱文子补汉兵志》《程子定性书书后》《正月二十日学海堂拜阮文达公生日诗序》《宋王台赋》《论岭南人画七言绝句》等。

值得注意的是，就在《学海堂课艺》刊行的第二年，前清举人出身的赖际熙与友人在香港创设“学海书楼”，广罗图书，以“继山堂之遗绪”，保存国粹。其中“山堂”，意即学海堂，而“保存国粹”的宗旨亦与黄氏“保粹堂”之名相呼应。事实上，就在学海堂奉诏停办的前一年，已有“岭南诗宗”黄节撰《国粹保存主义》一文。③三年以后，科举废除，黄任恒再不仕进，黄节联合诸友在上海成立“国学保存会”，创办《国粹学报》，提倡古学，认为“世界古学而今唯有中国能数千年一脉相承，独存于天下，足见其文明中有‘适于天演之例’的精粹在，即蕴含着弱而不亡的民族特性或生命活力”④。

黄节等人发起南武公学会之后数年，黄任恒又在邻近的兴隆中约兴建保粹堂。此时，黄任恒内心对“保粹”的持守，或也受到当时近河中心涌动的“国粹派”思潮的感染。对于这一思潮，学者郑师渠有一段极富见地的评析：

① 黄荣康：《学海堂课序》，载《求慊斋文集》卷四，1934 年铅印线装本。
② 李绪柏：《清代广东朴学研究》，广东省地图出版社 2001 年版，第 264 页。
③ 黄节：《国粹保存主义》，载《政议通报》1902 年 12 月号。
④ 郑师渠：《晚清国粹派的文化观》，载《历史研究》1992 年第 6 期，第 85 页。

从宏观上看，19 世纪的后 60 年中，中国社会文化思潮的演进，经历了“师夷长技”—“中体西用”—“变法维新”的变化轨迹。这不仅反映了人们对西学认识由表及里的深化过程，而且也表明，在中西文化关系上，中国社会文化心理趋向呈现出单向演进的态势，即日趋激烈地批判中学而追求西学。但是，此种单向趋进的态势在进入 20 世纪后，便告终结了。随着西方资本主义文明的破绽日益显露，中国民族主义运动的高涨和国人文化识见的增进，代之而起的是双向交织，百步九折的复杂和生动的过程。特别是 20 世纪最初 10 年间，犹如急流骤回，社会文化心理呈现了明显的折向：向传统文化回归。这与其说是复古倒退，毋宁说是一次文化反思，即对 19 世纪中叶以来国人在中西文化关系上业已渐次形成的思维定势的第一次反思。①

这样的双向交织，在笔者看来，正是中国文化从自在转向自觉的一种先声，亦是近代中国文化主体性觉醒的微弱开端。黄任恒的一生亲历甲午战败、戊戌变法、辛亥鼎革、军阀乱粤、护国运动、护法运动、北伐战争、抗日战争、解放战争、土地改革……在时代的惊涛骇浪中，岿然不动地承传着学海堂的纯粹理想，为 20 世纪初的文化反思贡献出毕生之力，以笃定的姿态发出静谧的强音。

① 郑师渠：《晚清国粹派的文化观》，载《历史研究》1992 年第 6 期，第 90 页。

第四章　近代龙凤的生活、动乱与发展

晚清民国时期尽管距离十三行潘、伍两族修庐建园的鼎盛时代已过去近百年之久，但由他们所开创的“富者多居之”的空间格局还在不断延续，直至民国中后期。这里是近代广州与西关齐名的“高尚住宅”区域，吸引了大批富商、医生、教师等上层职业人士在此置业定居。在迄今尚存的各种老屋旧居和已经湮灭的无数奢豪宅邸背后，是近代中国商业史上一系列如雷贯耳的商号、集团创始人的家庭日常与烟火晨昏，比如北美最早的华人商号“泰巽”创始人黄天佀、叱咤省港澳商场百余年的香港利丰集团创始人冯耀卿，还有香港中原电器集团创始人赵焯庭，他们在浮沉商海的冒险旅程中，都曾经留驻龙凤这个港湾。

一、“富者多居之”的格局延续

1. 鹤鸣五巷孝廉第与泰巽商号

麦汉兴在《桐斋随笔》中，写过一则介于传奇与文史之间的小文章，题为“摄青鬼大闹孝廉第”，讲的是一则自己年幼时听来的豪宅闹鬼的故事，开篇即介绍了鹤鸣五巷孝廉第的由来：

在清末民初期间，广州河南龙尾导乡，有那么一个黄天佀举人，自海外归来，买地于鹤鸣五巷，大兴土木，建筑了一间三便过大屋，屋后有花园亭台，尤其是魁星阁更为高大，可作为会客会文的场所。他还在鹤鸣五巷门口横额，加上“香源琼泽”四个大字，至今尚存。又将门楼加大加高，以便官绅乘轿出入方便。他打起孝廉旗号，广交当地科班文士，如太史潘宝璜、江霞公、卢仲吉，进士李应霖、举人黄礼瀼①，秀才黄香树，贡生陈弼飞等，有财有势，高视阔步，自以为龙尾导一流绅士财主佬……②

紧接着，麦汉兴讲述了黄天侣在花甲寿辰之后，有摄青鬼③前来寻仇，黄天侣请道长、神婆来驱，均告失败，终落了个家破财尽、“奴婢侍妾星散”的悲惨下场，据说“凡今龙尾导乡人，年上六旬以上者，均能一一道说。至于黄天侣如何致富，摄青鬼为何报仇，则讳莫不说……”④对于此故事，神鬼部分我们姑且搁置不议，但黄天侣其人究竟是否真实存在呢？课题组首先在《广州市志》中“华侨志”的部分，找到一段有关黄天侣的史料，内容如下：

在加拿大，当菲利沙河发现金矿后，域多利（维多利亚）是华人赴加的第一站，19 世纪五六十年代它已成为繁荣商港，城内的唐人街在卑诗省史书中称之为“小广州”。唐人街中较大的泰巽商号，是禺北人黄天侣所创，该号从美国三藩市的广生泰发展而来，还设分店于菲利沙河下游一带，拥有骡马 200 多匹往来运输，有大桅船数艘，航行于香港和域多利之间，在香港有联号“泰全办庄”。1895 年英国牧师绘了一张地形图（菲利沙河下游繁荣小镇），其中泰巽为该埠最大的

---

① 原文记载有误，实际应为黄礼襄，曾在龙康里筑“憖庐”，子黄泽森，父黄廷彪。

②④ 麦汉兴著：《桐斋随笔》，广州市海珠区文联、海珠地区炎黄文化研究会 1999 年自印，第 232 页。

③ 即冤鬼的一种。民间传说此为冤屈难伸之人，走上深山野岭，露宿坟坑，吸吮腐尸汁液，经七旬成灵，变鬼魅返回人间寻仇，如将粪便秽物放入餐食，使家具陈设无故移动，或制造飞沙走石，袭击人体，夜半鬼哭等，致使仇人家宅不宁。参见叶春生、施爱东编《广东民俗大典》（第 2 版），高等教育出版社 2010 年版，第 147 页。

商号。（图 4-1）[①]

图 4-1　19 世纪中期加拿大维多利亚唐人街景中的“泰巽”[②]

《广州市志》中的“泰巽”创始人与鹤鸣五巷的黄天侣生活在同一时代，且符合“自海外归来”的条件，同样也是家财万贯，因此极可能是同一人。作为加拿大最古老的华人商号，泰巽一方面是最早获准从中国运送鸦片到加拿大的三个商号之一[③]，一方面还曾兼具华人会馆和善堂的功能。在当地中华会馆成立以前，它不仅经常负责调解华人群体内部纠纷、为华侨办理出入境登记手续等涉外事务，甚至还代办汇兑和家书传递，同时兴办公益慈善事业。[④]假如这位黄天侣确实曾居于鹤鸣五巷，那么他是否也如同时代衣锦还乡的侨民们一样，热衷于

① 广州市地方志编纂委员会编：《广州市志》卷十八，广州出版社 1996 年版，第 64 页。

② Tzu-I Chung. “Kwong Lee & Company and Early Trans-Pacific Trade: from Canton, Hong Kong,to Victoria and Barkerville.” BC Studies No.185: Barkerville: Spring 2015. 红标部分为课题组制作。

③ 金山西北角华裔研究中心官网：https://www.cinarc.org/Opium.html#anchor_162。

④ 魏安国、詹森等：《从中国到加拿大》，许步曾译，上海社会科学院出版社 1988 年版，第 48-49 页。

通过参与善堂事务，结交权贵，从而在省城的精英圈中谋得一席之地？

顺着这一思路，我们果然在两粤广仁善堂的倡建总理芳名录中见到了黄天侣的名字。与他一起名列其中的，还有麦汉兴文中提到的“太史潘宝璜”的兄弟潘宝珩。① 由此来看，黄天侣的晚年生活大概的确是在广州度过的。凑巧的是，课题组在翻阅《广州市文物普查汇编》（白云山卷）时，还无意发现了黄天侣的最终归宿地（图 4-2）。

图 4-2　黄天侣夫妇墓 ②

位于今白云区的丛云路边，有一座建于光绪壬寅年（1902 年）的清代夫妇合葬墓。该墓由后土、挡土墙、护岭、环垄、拜台、月池、台基组成，占地面积约 159.6 平方米。其墓碑上赫然书有“清二十世花铃朝议大夫天侣黄公宜人诰赠恭人黄母黎氏合墓”字样。从残缺的墓志内容来看，黄天侣葬于 1902 年，生前妻妾子女众多，子辈不乏太学生、贡生等科举人才，亦有精于算学的学海堂高才生 ③，完全符合当时

① 邓雨生：《全粤社会实录》，宣统二年（1910）调查全粤社会处铅印本，广东省立中山图书馆藏。

②③ 陈建华主编：《广州市文物普查汇编》（白云山卷），广州出版社 2008 年版，第 242 页。

广东洋务家族的发展模式。

2. 天庆里冯家大院与利丰商号

香港冯氏集团（原名“利丰”）是近代中国首个由本地华商直接从事对外贸易的出口公司，始建于1906年。历经冯氏三代人的不懈努力，它从一家传统商号逐渐发展为享有至高国际声誉的跨国商贸企业，曾四度被哈佛商学院列为成功教案，供全球MBA学子对其进行学习、研究和讨论。① 清末民初之际，利丰行的创始人之一冯柏燎（图4-3），就定居在今龙凤街道天庆里1号的位置。其宅俗称“冯家大院”（图4-4），占地6500余平方米，是河南的名宅之一，今部分房屋仍存在，分作龙导社区居委会办公用地和广州市金禧养老院所用。

图4-3 冯柏燎像（1915年）②

图4-4 冯柏燎与李道明摄于天庆里冯宅亭院③

① 计国君编著：《服务科学与服务管理》，厦门大学出版社2015年版，第218页。

② 冯邦彦：《利丰冯氏迈向110周年：一个跨国商贸企业的创新与超越》，中国人民大学出版社2016年版，第4页。

③ 冯邦彦：《利丰冯氏迈向110周年：一个跨国商贸企业的创新与超越》，中国人民大学出版社2016年版，第6页。

冯柏燎（1880—1943 年），字耀卿，关于其身世存在两种说法：一称其来自河南腹地中心的瑶溪冯巷；[①] 一称其为广东鹤山县古劳镇大埠村人。[②] 曾经的瑶溪冯巷一带今已全是高楼大厦，往昔痕迹荡然无存。据瑶头西基乡冯氏宗亲口述，当地确曾存在过一条冯巷，并建有冯氏宗祠（今广州市江南外国语学校球场位置），但因冯氏族谱毁于乙卯年（1915 年）广州水患，因此堂号失考，但族中老人仍记得先祖原籍为五邑鹤山。[③]

既然瑶头祖源也在鹤山，课题组决定直接前往鹤山古劳一探究竟。2023 年 1 月 13 日，当我们来到古劳大埠村的村口时，当即有村民询问来意。笔者先以“冯柏燎”作答，对方一脸迷惑，于是笔者改换“冯耀卿”又重新解释了一遍，对方瞬间听懂，并热心地告知村里还有他们家族捐赠的一所学校。

我们很顺利地找到了这间“冯耀卿夫人纪念学校”，步入校门，抬头即见冯耀卿夫妇的照片高悬墙上（图 4-5），照片下方为鹤山县人民政府立于 1985 年的一方建校序言铭文：

本邑旅港已故殷商冯耀卿氏，为商界接触长才昔年大展宏图，驰誉国际，中外推崇。其哲嗣冯汉柱先生，克绍箕裘，发扬光大，冯氏家族，声誉更隆。冯耀卿夫人，生前贞静贤淑，相夫教子，坊里称贤。汉柱先生秉性纯孝，向主兴办教育，培训后辈，今念本邑教育亟待发展，遂慨捐巨款于家乡，创建冯耀卿夫人纪念学校……

① 广州市龙凤街道党工委、龙凤街道办事处编《毓秀龙凤》画册及龙导社区居委会介绍牌均存此说，源头应来自广州市海珠区第四次文物普查线索登记表。

② 华史：《成功的家族企业——冯耀卿家族创业史略》，载《鹤山文史资料》第 16 辑，鹤山县政协文史资料委员会 1992 年，第 6 页。

③ 瑶头乡宗亲内部资料。

图 4-5　大埠村冯耀卿夫人纪念学校内墙所挂冯氏夫妇像①

从中可知，冯柏燎为大埠村人士无疑，是富户冯杰时的幼子。由于长兄在香港一家英国电报公司任职，冯柏燎自小对香港充满向往，于是在 20 岁那年赴港就读于皇仁书院，其间“勤读书，试辄前列，曾考获该院免费生摩利臣学额”②。1904 年，冯柏燎毕业后，曾短暂留校任教，旋即回穗从商，在李道明开设的宝兴瓷庄任出口部经理。宝兴瓷庄（图 4-6）专营来自全国各地的精美瓷器，出口业务颇具规模。冯柏燎因工作能力出色，加之通晓英语，很快获得李道明的赏识与信任，并与之建立起深厚友谊。③

① 摄于 2023 年 1 月 13 日。

② 吴醒濂：《香港华人名人史略》，香港五洲书局 1937 年版，第 47 页。

③ 冯邦彦：《利丰冯氏迈向 110 周年：一个跨国商贸企业的创新与超越》，中国人民大学出版社 2016 年版，第 4 页。

图 4-6 宝兴瓷庄昔日内景[①]

1906 年 11 月 28 日，冯柏燎与李道明合资创办利丰公司（Li & Fung Co.），店面位于今六二三路 188 号。“利丰”之名，取自“李”“冯”二字之谐音，寓意“利润丰盛”[②]。在公司组成上，冯柏燎占股 51%，李道明占股 49%，是国内首个纯华资外贸公司。利丰创办初期，以外销陶瓷、古董及各类工艺品为主，是当时河南广彩瓷器的一大“揽头”[③]，后扩展到竹器、藤器、烟花、爆竹、玉石和象牙等手工艺品，业务迅速走上正轨。[④]

民国初年，冯柏燎受邀作为中国政府代表团成员参加 1915 年在

① 冯邦彦：《利丰冯氏迈向 110 周年：一个跨国商贸企业的创新与超越》，中国人民大学出版社 2016 年版，第 5 页。

② 哈特臣：《锦霞满天——利丰发展的道路》，中山大学出版社 1992 年版，第 26 页。

③ 赵艺明口述，2023 年 2 月 22 日访谈。“揽头”特指从事外贸的十三行商人，参见赵立人《明清之际的广州外贸经营者——十三行与揽头》，载何大进主编《近代广州城市与社会》，天津古籍出版社 2009 年版，第 35 页。

④ 冯邦彦：《利丰冯氏迈向 110 周年：一个跨国商贸企业的创新与超越》，中国人民大学出版社 2016 年版，第 6 页。

美举行的巴拿马 - 太平洋国际博览会（Panama-Pacific International Exposition）（图 4-7）。在冯柏燎带去的参展作品中，刘群兴创作的广彩剑筒《唐明皇击剑图》荣获优等奖，这是中国广彩工艺品首次参加世博会并斩获大奖。① 此次赴美，冯柏燎结识了美国伊拿士有限公司（Ignaz Strauss & Co.Inc.）的约瑟夫·聂沙（Joseph N.Sipser）。这间公司是著名的东方进口商、美国多家高级连锁店、百货公司及邮递购物服务公司的采购代理商。两人在漫长的旅程中成为好友。伊拿士自此成为利丰最大的买家之一，双方合作关系维持了半个世纪之久。②

图 4-7　1915 年巴拿马万国博览会外国商务代表合影，冯柏燎为书桌前方左起第四位 ③

① 曾应枫、李焕真编：《织金彩瓷 广彩工艺》，广东教育出版社 2013 年版，第 47 页。

② 冯邦彦：《利丰冯氏迈向 110 周年：一个跨国商贸企业的创新与超越》，中国人民大学出版社 2016 年版，第 8 页。

③ 冯邦彦：《利丰冯氏迈向 110 周年：一个跨国商贸企业的创新与超越》，中国人民大学出版社 2016 年版，第 7 页。

20世纪20年代，利丰业务日趋多元，先后开设轻工艺厂和仓库，并于沙面河畔修筑五层大厦作为利丰总部，与怡和洋行、免那洋行、天祥洋行、新其昌洋行（Shewan Tomes & Co.）以及的观洋行（Deacon & Co.）[①]长期合作，还获准为日本大阪商船株式会社（O.S.K.Line）和日本邮船株式会社（N.K.K.Line）在广州建造专用码头，成为日本大阪商船株式会社、日本邮船株式会社和日本大阪海运及火灾保险公司（Osaka Marine & Fire Insurance Company）在广州的业务总代理，同时还拿下了香港英商域景洋行（Harry Wicking & Co.，Ltd）的进口总代理，业务蒸蒸日上。

万贯家财的冯氏很快被当时有名的盗匪罗十二所惦记。1928年秋，天庆里的冯家大院上演了一桩精彩纷呈的捉匪大戏。事实上，罗十二早先就曾致信冯宅恐吓，欲勒索5万元，未遂，此次又苦心安插女佣入府，意图里应外合。冒充女佣者，原为鹤山匪首“马骝王”[②]的侍妾。1928年2月6日，“马骝王”在广州被捕枪决[③]，于是这名侍妾投奔罗十二，并在罗氏设计下，经鹤山同乡引荐，入冯府帮佣。数月后，府内各种情况被悉数摸清，女佣遂与罗氏约定，于11月9日晚11点30分动手，计划先由女佣打开宅门，再从窗口扔出报纸作为行动暗号。其实，冯家对此早有察觉，已提前向警察十一区三分署报案。接到报案的麦署长下令严密侦察，并布置内线，至8日中午，警方已全数获悉匪徒计划，并据此制定了严密的擒匪方案。9日，警署派出十多位警员分为三路埋伏：一路位于半山亭，另一路于鹤鸣五巷，还有一路在兆和新街。其中，一小分队先入冯家大院，将四名佣妇一起囚禁。晚间十点左右，盗匪7人乘电船至鳌洲上岸，在天庆里附近等候暗号。

① “的观”即“Deacon”之音译，为当时这一洋行约定成俗的中译名称。

② 原名冯伟权，在鹤山烧杀抢掠多年，被官府严厉通缉，参见《申报》1928年3月20日。

③《申报》1928年3月20日。

11 点 25 分，警员从府内将门打开，后从窗口扔出报纸，接到暗号后，3 名盗匪当即冲入宅中，还有 2 名在外接应，2 名放风。警员马上开枪射击，盗匪连忙退出，四下逃窜，最终击毙 2 名，生擒 1 名，匪首罗十二侥幸逃脱。[①] 冯家大院捉匪一案落下帷幕。

虚惊之后，冯家生意依旧风生水起。至 20 世纪 30 年代中期，利丰在广州的事业达到鼎盛。1937 年，卢沟桥事变后，抗战全面爆发。1938 年 9 月，日军空袭粤汉铁路、广九铁路，冯柏燎决定将利丰迁至香港，但总公司继续留守广州，直至战争到来。[②] 见证了冯柏燎与利丰早期辉煌的天庆里冯家大院（图 4-8），也随之告别了喧闹与繁华。

图 4-8　天庆里 1 号宅院六角亭旧照 [③]

3. 联鹤大街南圃与香港中原电器

在冯家大院南侧的联鹤大街，曾有一方与冯家大院并不相连的独

①《广州民国日报》1928 年 11 月 12 日。

② 冯邦彦：《利丰冯氏迈向 110 周年：一个跨国商贸企业的创新与超越》，中国人民大学出版社 2016 年版，第 10–12 页。

③ 陈建康拍摄，附于《广州市海珠区第四次文物普查线索登记表》。

立花园，也属冯家所有，位于今联鹤大街18号的后方。告知课题组这一线索的热心街坊，正是联鹤大街18号“南圃”的现任屋主——香港中原电器创始人赵焯庭的外孙陈逸仪先生。① 中原电器是香港大型电器零售连锁店之一（图4-9），创立于1927年，迄今已有近一个世纪的历史。②

图4-9 香港德辅道中原行历史照片③

中原电器行正式成立的1927年，也是联鹤大街18号别墅“南圃”始建之时。据陈生告知，20世纪20年代初，外祖赵焯庭拎着一个藤编箱子到香港，白手起家，创立“中原”，赚到第一桶金后，便回到广州置产盖屋。刚把南圃这块地买入的时候，这里原是一间日式房屋，房间里面都是榻榻米，后来整个推倒另建。南圃由外国人设计建造，历时三年，1930年竣工，初名“觉庐”。这是一幢典型的民国别墅建筑，整体坐南朝北，为两层半砖混结构。现建筑内部结构未作改动，花阶砖、木门、楼梯等建筑构件保存完好。优雅的门楼引人注目，其整体结构由门柱及门框构成，基座采用向内的弧形线条，与门后门厅外延轮廓也有所呼应，门柱上饰涡卷与简单的几何图案，是20世纪20年代较典型的装饰艺术风格（Art Deco）。（图4-10）④

① 与陈先生的访谈进行于2023年1月18日。

②《九十余载砥砺前行，不负韶华》，载中原电器香港官方微信号2020年1月22日（http：//mp.wenxin.qq.com/s/ykaRyiT-TYdxsIUFJVAO6Q）。

③ 香港中原电器藏。

④ 建筑描述由专业友人林境桐、杨凡舒帮助完成，特此致谢！

图 4-10 南圃今貌[①]

门楼上的“南圃”二字，落款沈演公。沈演公，即沈赞清（1868—1943 年），初名淮琛，字雁潭，号演庐，晚字演公，出身“诗画传家二百年”的福建闽侯宫巷沈家，乃沈葆桢的嫡孙、林则徐曾外孙，历任广东督军署、参议署、德庆县兼封川县知事、东莞县知事、中央财政部印花印刷所所长、广东省长署兼筹饷局秘书、国民第二军总司令顾问、广东民政厅黄埔军校秘书等职，其书法造诣深厚，常与谭延闿等人谈书画、论诗钟、品美食。[②]因此，能得沈赞清为居所亲笔题名，可以想见当时赵焯庭的社会交往，大抵不乏广东军政界的上层人物及文人雅士。

据陈生及其他赵氏族亲回忆，赵氏原籍就在河南瑶头、沙园，两村相隔一条小河，同属一位太公，是腹地中心的大姓之一。当时联鹤大街、天庆里一带还有两位沙园赵姓族人居住，都曾入股中原电器行。

① 摄于 2023 年 1 月 18 日。

② 张天禄主编、福州市地方志编纂委员会编：《福州人名志》，海潮摄影艺术出版社 2007 年版，第 148-149 页。

一位名赵克奇，居于天庆里冯家大院趟栊门正对面；另一位名赵杰堂（原名赵克继），由赵焯庭（图 4-11）从沙园亲自带出，乃香港中原电器的元老之一，居于鹤鸣五巷，即今鹤鸣五巷小学操场位置，其子赵国钊至今仍记得鹤鸣五巷门口曾有“香源琼泽”四字横额。[①]

图 4-11 赵焯庭像[②]

赵焯庭，亦名赵德勋，属瑶头绪麟堂[③]，总计娶妻四位：正室高氏及三位继室。其中，仅继室许燕文诞下三个女儿。高氏本无所出，后于沪上收养龙凤胎一对，并将其中男孩起名“承根”（又名子蟠），显然将延续香火、继承祖业的希望寄予他身。然承根长大以后，皈依基督，立志投身宗教事业，并无承继家族生意的意愿。“中原”于是由瑶头赵氏其他兄弟——赵协庭（又名承毓）、赵霭华等人主理。[④]这也造成了后来有关“中原”企业史的叙述容易将创始人只追溯至赵协庭[⑤]，从而忽略了更早期的开拓者赵焯庭。

作为昔日省港澳富商曾竞相置业的黄金地段，河南近河区域的家

① 赵杰堂之子赵国钊回忆，经陈逸仪先生转予课题组。

② 陈逸仪先生提供，特此致谢！

③ 据赵焯庭墓碑信息所得。

④ 陈逸仪、赵国钊等赵氏亲属回忆整理所得。

⑤ “From Sony to American Standard: the Story of Chung Yuen Electrical and Acme Sanitary Ware.” https://industrialhistoryhk.org/from-sony-to-american-standard-the-story-of-chung-yuen-electrical-and-acme-sanitary-ware/.

族、人物身上，往往蕴藏着类似“南圃”这样能够补充既往历史叙述不足的细节与线索，上文三例仅是抛砖引玉。19 世纪 20 年代至 30 年代，还有大批活跃在近代中国各领域的重要人物和家族定居于此，比如曾居于龙福东的先施百货公司的马洪旅兄弟①，曾居于龙骧大街的“肥皂大王”周在秀②，以及曾居于龙导新街、兆和新街、联鹤新街、鹤州直街、宝龙直街、昆仑三街、同和里、龙飞里以及梅园西路等多处民国洋房、别墅的主人③，尚有待未来更多的深入研究来展现他们的精彩故事。

二、艺术气氛与文化思想

一幢幢古老精美的近代宅院，连通着近河区域数代人丰富优渥的物质生活与诗情画意的精神世界，这里因此素有“诗之岛，画之乡”④的美誉，留下了大批优美深沉的文艺作品，也见证了一个古老帝国在近代历程中的艰难转身。从晚清到新中国成立，因时代转折所生发的情感、思绪与坚守，都淋漓尽致地抒发在这片土地饱满深情的笔墨间。

1. 岭南画派新代巨匠的人生转折

1933 年的一天，位于龙导新街的广州市第九三小学，迎来了一

① 马洪旅后人讲述，详见陈建康《广州市海珠区第四次文物普查线索登记表》之“龙福路民国建筑一条街”。

② 周自坚口述，详见陈建康《广州市海珠区第四次文物普查线索登记表》之“龙骧大街 6 号”。周在秀生平参见周宝芬《源昌枧厂的创立和发展》，载李齐念主编、广州市政协学习和文史资料委员会编《广州文史》第 63 辑，广州出版社 2005 年版，第 169–176 页。

③ 详见《广州市海珠区第四次文物普查线索登记表》。

④ 刘华珍：《改革开放三十年海珠区文化建设的进程》，载中共广州市海珠区委党史研究室编《广州市海珠区改革开放纪实》第 1 辑，广州出版社 2015 年版，第 35 页。

位家境贫寒的新教师——关泽霈。或许没有几人能够料到，这名普通的小学老师将来会成为当代中国画坛的一代巨匠“关山月”。他是岭南画派创始人高剑父的徒弟，以创作人民大会堂巨幅国画《江山如此多娇》《绿色长城》等优秀作品闻名于世。其中，《绿色长城》（图 4-12）因突破了传统山水画的平远与高远，并充分吸收了西方绘画的透视技法，富有光影效果的同时，又完整继承了中国传统山水画的韵味，是西画和国画传统的完美结合，被誉为“中国新山水画的范本”[①]。而他从“关泽霈”到“关山月”的人生转折，就发生在近河中心。

图 4-12　关山月代表作之《绿色长城》[②]

1912 年 10 月，关泽霈降生于广东阳江县埠场镇那蓬乡的果园村，乳名“应新”，早年一直在阳江读书，喜爱临摹小画片、门神画、地图等。1930 年，18 岁的关泽霈同时考上广州三所学校，最终选择了免费入读的广州市立师范学校。次年，他趁假期回到阳江，以笔名“子云”举办个人画展；1932 年，又有人物画《抗日将领马占山》和一些花鸟画参加校庆画展。1933 年，21 岁的关泽霈从广州市立师范学校毕

① 吴爽：《〈绿色长城〉的“范本”条件及其意义》，载《书画世界》2014 年 3 月号。
② 1974 年，纸本设色，中国美术馆藏。

业，来到广州市第九三小学任教，同年，他的父母先后离世。这一时期，他与班里年龄最大的贫困女学生李淑真来往密切，两人渐渐坠入爱河，于 1935 年喜结连理（图 4-13）。新婚同年，关泽霈借他人之名到中山大学旁听高剑父讲课，得高氏赏识，免费招入春睡画院习艺，高剑父为之改名“关山月”。[①]

从中可见，关泽霈父母离世、邂逅爱妻、师从剑父（图 4-14）、改换名讳等一系列人生大事，均发生在其任教于广州市第九三小学的几年之间。当时九三小学的“校长卢夑坤和甲午海战民族英雄邓世昌的儿子邓文正[②]，都是书法篆刻家，他们三人经常在邓家研读古人的碑帖、印谱，关山月也是在这里学会刻图章的。卢、邓是关山月的良师益友，邓家大院就是关山月的第二学堂……”[③]那么，这所对于关山月人生影响如此重大的第九三小学究竟位于何处呢？

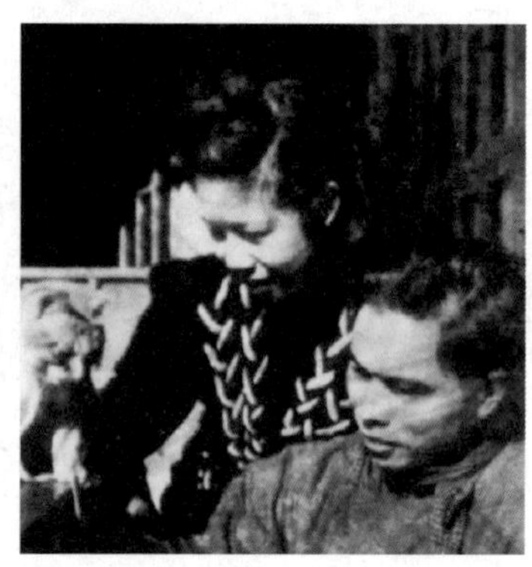

图 4-13　关山月、李淑真夫妇旧照[④]

① 慎海雄主编：《当代岭南文化名家 · 关山月》，广东人民出版社 2018 年版，第 268-269 页。

② 邓世昌育有三男五女，分别为：邓浩洪、邓浩祥、邓浩乾、邓秀媛、邓秀蝉、邓秀娟、邓秀婷、邓秀海，暂未见“邓文正”之名，不排除有别名，或“邓文正”为邓世昌家族其他支系的可能，有待后续研究查明。

③ 慎海雄主编：《当代岭南文化名家 · 关山月》，广东人民出版社 2018 年版，第 5 页。

④ 关山月美术馆藏。

图 4-14　高剑父、关山月师徒合影[①]

因办学时间不长，第九三小学的相关史料极其难觅。课题组有幸在 1935 年的《广州年鉴》（图 4-15）中侦得当时这一小学的具体地址为“河南龙导新街”，且明确标注当时校长为“卢夔坤”。卢夔坤（1904—1979 年），又名卢鼎公，号一石、郾庐等，东莞道滘人士，长居香港，于金石、诗词、书画等领域均有深厚造诣，成就卓绝，享誉盛名。其毕生以教育为业，先后在广州、香港及马来西亚等地任教，曾于 1974 年与友人在香港九龙创办“中华艺术学院”，培养人才者众，有《燕归馆词》《学书偶得》《鼎公论画》《书画篆刻杂谈》《贴考》等著作传世。[②]

① 关山月美术馆藏。

② 陈雪轩:《卢鼎公的金石诗书画艺术》，载杨宝霖主编《东莞诗词俗曲研究》，东莞乐水园 2002 年印行，第 191-195 页。

第九三小	第九二小	第九一小	第九十小	第八九小
盧燮坤	蘇志明	棠駒臣	林志堅	黃坤齡
10	〃	12	13	13
4	4	4	5	4
4	4	4	6	4
74	109	112	139	88
88	91	78	99	118
162	200	196	238	206
1	1	1	2	1
18	73	54	76	20
7,091.54	[illegible]	8,167.70	8,753.30	9,580.44
洪德分局河南龍導新街	長壽分局長壽路吉星一巷八號	靖海分局天成路一百廿四號	寶華分局長壽西路二百一十五號	河南分局南華東路尾草芳園
			賃租	
賃租	賃租	賃租		賃租
班一		班一		班一

廣州年鑑 卷十二 教育 二八八

图 4-15　1935 年《广州年鉴》中的第九三小学资料[①]

目前有关卢氏的史料几乎均来涉其早期生涯，尤其是在河南第九三小学任校长期间的经历，完全阙如，因此，1935 年《广州年鉴》的相关记载，不仅明确了关山月这一时期工作、生活的具体所在，而且填补了卢燮坤的一段生平空白，更重要的是，这些发现能让今天的人们对于近河中心“诗之岛，画之乡”的美誉产生具体而微的历史认识。有趣的是，在 1935 年的这本《广州年鉴》中，课题组还发现了另一名高剑父的学生——汤建猷。他当时在第三五小学担任校长，地点位于“河南龙导尾张王庙”[②]。汤氏生平资料极少，生卒年不详，目前仅知他曾组建“河南艺社”[③]，1929 年有画作《仙鹤》《翎毛》参加第一次

① 广州年鉴编纂委员会:《广州年鉴》，民国二十四年（1935 年）于广州发行，第 288 页。

② 张王庙位于张王直街，门牌号不详，已湮灭，仅余地名。

③ 张繁文:《岭南画派的传播研究》，辽宁美术出版社 2020 年版，第 50 页。

全国美展[①]，现有《溪居图》[②]《松树》[③]等极少量作品传世，并曾代为经营高剑父的私人产业[④]。由此可见，有不少岭南画派的后起之秀，都曾在近河中心度过早期生涯。

2. 现代主义画派里的“东方毕加索”

如果说折中中外、融合古今的岭南画派是近代广东美术的第一次变革，那么受到西方与日本前卫艺术运动影响，并在 20 世纪 30 年代的中国艺坛尤其活跃的超现实主义，则是中国美术的又一次革命。长期生活在今龙凤街道龙飞里的画家赵兽，便是早期探索超现实主义的一位代表，是抗战爆发前最广为人知的中国前卫美术团体——中华独立美术协会的发起人之一。在现代中西艺术对话的道路上，他默默求索了近半个世纪，被画家何铁华誉为“东方毕加索”。[⑤]

赵兽（1912—2003 年），原名赵伟雄，关于其出生地有三种说法——广州、广东高要和广西梧州。对此，赵兽的夫人陈雯给出了一个独到又合理的解释：赵兽实际“出身于水上人家——疍家，由于流动的行船生活，疍家子弟往往难以言明具体的出生地点，为了避免遭受歧视，赵兽杜撰了自己的籍贯地，而这三个城市或许是他童年经常上岸的埠头”。（图 4-16）[⑥]

---

① 张繁文：《高剑父“折衷”思想研究》，人民美术出版社 2020 年版，第 289 页。

② 岭南画派纪念馆藏。

③ 贝米沙：《从中国到欧洲，从欧洲到中国——20 世纪二三十年代岭南画派作家作品在欧洲展览》，载岭南画派纪念馆编《国画复活运动与广东中国画国际学术研讨会论文集》（下），第 556 页。

④ 黎葛民、麦汉永：《岭南革新派画家陈树人和高剑父》，载中国人民政治协商会议全国委员会、文史资料研究委员会编《文化史料》第 6 辑，文史资料出版社 1983 年版，第 155 页。

⑤ 广东美术馆编：《赵兽：神秘的狂气》，岭南美术出版社 2008 年版，第 177 页。

⑥ 蔡涛：《赵兽：超现实主义者世纪之旅》，载广东美术馆编《赵兽：神秘的狂气》，岭南美术出版社 2008 年版，第 23 页。

图 4-16　赵兽、陈雯夫妇 1950 年 9 月于广州合影①

1922 年，11 岁的赵兽在广州上岸，进一家糖水店做小工，收入用以补习中文、英语和数学。1928 年，17 岁的赵兽进入广州市立美术学校图案科就读。他常于周日与同学黄浪萍到春睡画院拜访高剑父。两年后，赵兽毕业，赴沪游学于上海艺术专科学校。1933 年，带着家族为他准备的 3000 多银圆，赵兽与好友黄浪萍结伴赴日留学，入读日本大学艺术科，同期入川端画学校，其后可能在前卫洋画研究所短期研习，随阿部金刚等人，开始接触超现实主义。旅日期间，他着手翻译安德烈·普鲁东的《超现实主义宣言》，取笔名赵兽。②

1934 年 2 月的一天，赵兽浑身上下只剩下五块钱，饿着肚子的他，去参观了"福岛藏品展"。这是赵兽第一次观摩马蒂斯、毕加索、鲁奥、德兰、莫迪里阿尼、郁特里罗、勃拉克、苏汀等西方现代主义画家的油画原作，深感"原作有一种无可言说的吸引力"③。同年

---

① 蔡涛：《赵兽：超现实主义者世纪之旅》，载广东美术馆编《赵兽：神秘的狂气》，岭南美术出版社 2008 年版，第 175 页。

② 广东美术馆编：《赵兽：神秘的狂气》，岭南美术出版社 2008 年版，第 24 页。

③ 蔡涛：《赵兽：超现实主义者世纪之旅》，载广东美术馆编《赵兽：神秘的狂气》，岭南美术出版社 2008 年版，第 25 页。

7—8 月，赵兽、梁锡鸿、方人定等十位广东籍艺术家在东京堂画廊举办“中华旅日作家十人展”，赵兽创作的《颜》《跳跃吧》《面影》《错综的线条》等画作参展。据赵兽晚年回忆，此十人展的主要目的是抵制官方色彩浓厚且评选标准混杂的“中华留日学生美术展览”。此时“九一八”事变已发生近三年，中日关系日趋紧张，蔡涛指出，十人展其实“颇能说明这批态度激进的青年当时在日本的身份处境，他们焦灼于世界主义与民族主义的观念交叉点上，也急切期盼作为活跃时代的一分子获得演出机会，这个展览实际上是中华独立美术协会正式登场前的一次热身活动”①。

1935 年 1 月，赵兽与梁锡鸣、李东平、曾鸣等五人在东京日比谷山水楼宣布中华独立美术协会正式成立并发表宣言。这是一群拒绝受体制或主流控制和束缚的年轻艺术家，因“感受到世界现代艺术的勃发之势，反思国内画坛的沉寂保守，决计‘要创建一个健全的、有新鲜气息的组织，担负起促进祖国美术运动的责任’”。② 这同时也是一个以广东人为主体的现代美术团体，它一方面“延续了自晚清以来广东一直扮演的思想前沿和时代急先锋的角色”，另一方面也具有浓厚的国际化色彩：不仅在多个国内城市开展活动，而且在中日两国同时办展。借助两国传媒营造中国当代艺术家介入国际艺坛的声势，当时深具影响力的《艺风》杂志长期支持中华独立美术协会，几乎成为该社的机关刊物。③

中华独立美术协会成立以后，赵兽旋即回到广州，在沙河新村家园 2 号新筑画室，作为该会在广州的对外联络点。在 1934—1937 年间，中华独立美术协会先后在东京、广州、香港、上海、南京等地举办了

①③ 蔡涛：《赵兽：超现实主义者世纪之旅》，载广东美术馆编《赵兽：神秘的狂气》，岭南美术出版社 2008 年版，第 26 页。

② 陶咏白：《走近赵兽》，载广东美术馆编《赵兽：神秘的狂气》，岭南美术出版社 2008 年版，第 19 页。

五次展览（图 4-17），出版专著《世界现代绘画选集》，专刊《独立美术》《新美术》，并在《艺风》《良友》杂志上持续刊发文章，着力进行欣赏现代艺术尤其是超现实主义艺术的启蒙工作，欲把"法国巴黎美术运动中心的近代画派分别介绍到祖国，借此能掀起一个革命性的美术运动热潮，使祖国的美术运动走上蓬勃发展道路"②。在此期间，赵兽任教于广州、东莞、香港的多所中学，开展着别开生面的美术教育。③

图 4-17　中华独立美术协会第二回展合影（左二为赵兽）①

抗战全面爆发后，赵兽于 1938 年赴粤北从事战时宣传和教育工作。新中国成立以后，赵兽曾任广州市劳动局干部，1958 年被下放到广州市郊农场，长达 22 年。在这段最为艰难的人生岁月里，赵兽夫妻二人及其六个子女的所有开支，仅靠从事教育的妻子陈雯一力承担。然而，他依旧隐蔽地进行艺术创作，妻子陈雯也经常参与构思，在无力改变命运的时候，"这些作品凝聚了这个家庭倾力维持的价值标准和人格底线"④。尽管作品在当时越来越不具备公开展示和传播的条件，但他"却对自己这套方法表现出了越来越强的信心，直至将它完全发展为自己内心和人格价值的透彻表达"⑤（图 4-18）。

---

① 摄于 1935 年。广东美术馆编：《赵兽：神秘的狂气》，岭南美术出版社 2008 年版，插页。

② 陶咏白：《走近赵兽》，载广东美术馆编《赵兽：神秘的狂气》，岭南美术出版社 2008 年版，第 19 页。

③ 广东美术馆编：《赵兽：神秘的狂气》，岭南美术出版社 2008 年版，第 14 页。

④⑤ 蔡涛：《赵兽：超现实主义者世纪之旅》，载广东美术馆编《赵兽：神秘的狂气》，岭南美术出版社 2008 年版，第 29 页。

图 4-18　赵兽油画作品《迷失的方向》（1977）①

图 4-19　龙飞里 14 号赵兽故居 ③

赵兽一家何时重返广州市区，我们不得而知。直至 1982 年，当艺术史工作者陶咏白百转千回地在龙飞里“重新发现”这位老者之时，他才终于获得回归艺坛的机会。（图 4-19）1985 年，《中国美术报》第 6 期刊登了赵兽的作品《跳跃吧！》，1988 年出版的大型史册性画集《中国油画（1700—1985）》将他作为 20 世纪 30 年代中国现代运动的代表载入史册，此后介绍赵兽的文章、纪录片相继问世。广东美术馆于 1991 年和 1993 年两度为他举办个人画展，多家电视台对此进行了专题报道。2003 年，赵兽与世长辞。五年以后，广

① 私人收藏，参见《中华独立美术协会回顾作品集》，中华独立美术协会 1983 年，第 26 页。

② 摄于 2005 年。广东美术馆编：《赵兽：神秘的狂气》，岭南美术出版社 2008 年版，插页。

东美术馆为他举办大型回顾展览，并出版《神秘的狂气：赵兽》一书，郑重向世人介绍这位“东方毕加索”曲折坚韧的一生。①

3. 从南武走出的人类学家梁钊韬

在今天中山大学马丁堂一楼大厅内，矗立着两座在中国人类学发展史上居于重要地位的人物的塑像——杨成志与梁钊韬（图 4-20）。他们是一对师徒。其中，因率先在中国复办人类学系而被载入美国传记协会主编的《世界名人录》的梁钊韬先生，曾于 1926—1931 年间，就读于南武中学（图 4-21）。

图 4-20　今中山大学马丁堂一楼内的梁钊韬先生塑像②

1912 年 6 月，梁钊韬降生于广东顺德高辉乡的北头村，其父梁卓庭乃广州第一大煤商，家业甚厚，母亲余琼玉，上过私塾，知书达理。梁钊韬是家中幼子，备受父亲疼爱，但因母亲为继室，常受同父异母

① 广东美术馆编：《赵兽：神秘的狂气》，岭南美术出版社 2008 年版，第 26 页。

② 中山大学人类学系博士毕业生，广州美术学院美术馆常务副馆长、雕塑与公共艺术学院副教授陈晓阳作品；人类学系 1993 级本科校友集体捐赠。

的兄嫂歧视，其母也常遭奚落。1922 年，11 岁的梁钊韬入河南培英小学就读，15 岁时转至南武小学，后直升南武初中。目睹官场腐败、商途艰险的梁卓庭常教诫少年梁钊韬，长大以后“一不做官，二不经商，而应矢志力学从教”②。

图 4-21 梁钊韬就读时期的南武校门①

1935 年，23 岁的梁钊韬考入厦门大学历史社会学系。1937 年，抗战全面爆发，梁钊韬转至中山大学历史系就读。在中大求学期间，钊韬受到著名人类学家杨成志教授、民族史家罗香林教授以及哲学史家朱谦之教授的多方指导和启迪，尤其是杨成志教授所坚持的人类学家必须长期持久地进行田野科学考察，必须有所发现、有所创新的治学方法，对他影响尤深，奠定了他扎实的专业基础。与此同时，全国战火纷飞，政局混乱，先生回忆当时自己是“以历史上朝代兴亡比于家庭成败，内外家族之盛衰了如指掌，甚有所感，故益加奋勉，慎思潜读”，写就《检讨欧战德国失败原因，证明日本必败》③的爱国文章。④

1939 年，梁父去世，兄弟分家，钊韬随母同住。同年，钊韬本科毕业，升入中大研究生院继续深造，师从杨成志与罗香林。此时的他，对原始社会史以及宗教学研究也产生浓厚兴趣，在人类学、考古学、民族学等多个领域打下坚实基础此外，在朱之谦教授的影响下，他努

---

①《南武初中三年级同学录》，1931 年，广东省立中山图书馆藏。

②④ 庄益群：《梁钊韬教授生平业绩》，载中山大学人类学系编《梁钊韬与人类学》，中山大学出版社 1991 年版，第 1–2 页。

③ 该文发表于《更生评论》1939 年第 4 卷第 2 期。

力精读《十三经》注疏，对研究古代巫术也产生浓厚兴趣，后以“中国古代巫术——宗教的起源和发展”为题完成硕士学位论文。[①]

1940 年，中大西迁，初至罗定，继迁至广西龙州，最后定址云南徵江，是年秋，复迁回粤北坪石。杨成志教授率民族学研究生梁钊韬、王启澍等人深入粤北瑶山，调查瑶族的一支“过山瑶”。调查过程中，梁钊韬不畏艰苦，获得了大量一手资料，并据此撰写了《粤北乳源瑶民的宗教信仰》一文，文中他精辟地指出，瑶人宗教的实质“是精灵崇拜，有灵崇拜和妖物崇拜，而非是道教”[②]。

1941 年，梁钊韬硕士毕业，留校任社会学系讲师。次年，经中大校长许崇清介绍，担任广东省政府指导委员会研究员，同时担任广东省地方行政干部训练团边政班业务教官，讲授“民族学概论”等课程。[③] 这一时期，梁钊韬多次赴粤西北，对连阳上峒排瑶聚居区展开调查，根据调查结果，他撰写了《上峒瑶民社会》一文[④]，试图为当时瑶区的边政教育问题探讨解决之道。

1944 年，梁钊韬经成都华西大学博物馆馆长推荐，任该馆助理研究员，后升任副研究员兼民族学部主任。任职期间，梁钊韬主持了包括设立民族学研究室，主编《西南民族志》在内的大量工作，在《中山大学学报》《民族研究集刊》《边政公论》《文史杂志》《广东建设研究》等刊物上发表论文十余篇，同时搜集了丰厚的西南文物和史料，为日后的教学研究奠定了强有力的实物基础。[⑤] 1946 年，梁钊韬返回

① 庄益群:《梁钊韬教授生平业绩》，载中山大学人类学系编《梁钊韬与人类学》，中山大学出版社 1991 年版，第 3–4 页。

② 该文发表于《民俗季刊》1943 年第 2 卷。

③ 庄益群:《梁钊韬教授生平业绩》，载中山大学人类学系编《梁钊韬与人类学》，中山大学出版社 1991 年版，第 4 页。

④ 该文发表于《大同杂志》第 1 卷第 2 期。

⑤ 庄益群:《梁钊韬教授生平业绩》，载中山大学人类学系编《梁钊韬与人类学》，中山大学出版社 1991 年版，第 5 页。

中山大学，在社会学系继续任教。两年以后，中山大学成立人类学系，经杨成志教授举荐，梁钊韬担任副系主任。

1952年，中大人类学系在全国高等院校院系调整中被撤销，梁钊韬调到历史学专业任教，历任副教授、教授以及考古学教研室主任等职。在此期间，他开始接触马克思主义的辩证唯物主义和历史唯物主义，系统钻研了马、恩关于历史学、史前史和人类学、民族学的论著。[①] 从1952年院系调整至改革开放以后人类学系复办的29年间，中大人类学的研究教学从未中断，这与梁钊韬对专业的热爱、执着和韧性是分不开的。

就在人类学系取消的同年，梁钊韬率中南历史文物小组到海南五指山区调研科考，“从海岛的西南至东北，横贯黎区，步行几百里，每天翻山越岭，深入黎家村寨”[②]，历时两个多月，写成《海南岛黎族社会史初步研究》[③] 一文。1958年，广东曲江县马坝乡农民在狮子山石灰岩洞中发现了一些残断的人头骨化石，梁钊韬受省文物管理委员会邀请前往鉴定，成为中国第一位鉴定出古人类化石的专家。这一后来被称为“马坝人”的重要发现，填补了从猿到新人的中间环节，为学界了解直立人到早期智人的进化过程提供了可贵依据，是我国古人类学研究历程中里程碑式的发现。同年，梁钊韬组织历史系师生对广东西樵山石器时代遗址展开考察，发现分布地点达九处之多，后据此发表《广东南海县西樵山石器的初步调查》[④] 一文，引起国内外考古学界的

① 梁钊韬:《关于原始社会史的几个问题——读恩格斯:〈家庭、私有制和国家的起源〉》，载《中山大学学报（哲社版）》1962年第3期。

② 庄益群:《梁钊韬教授生平业绩》，载中山大学人类学系编《梁钊韬与人类学》，中山大学出版社1991年版，第5页。

③ 梁钊韬:《海南岛黎族社会史初步研究》，载《中山大学学报（哲社版）》1955年第1期。

④ 梁钊韬、方瑞濂、李见贤:《广东南海县西樵山石器的初步调查》，载《中山大学学报（自然科学版）》1959年第4期。

瞩目。[①]

1963年夏，梁钊韬参与了广东省博物馆主持的南海新石器时代遗址和增城汉墓群的发掘工作[②]；是年冬，他又带队穿越云贵高原，赴滇西少数民族地区开展社会历史调查，此次调查历时五个月，跨越路途万里以上，先后考察了西盟佤族、澜沧拉祜族、碧江怒族和傈僳族、福贡独龙族、德宏傣族、景颇族和德昂族、大理白族等，撰成《滇西有关民族原始社会史调查材料初释》[③]一文。当时参与滇西调查的一位学生回忆：

坐火车时，我们坐硬座，先生可以坐软卧，他便招呼我们到软卧车厢轮流休息。进入交通不便、条件艰苦的民族地区，先生与我们一样坐运货的卡车，大多是徒步，跋山涉水，住简陋的招待所。有时便叫我与他同住一个房间做伴，躺在床上聊天，从学术到生活"穷聊"。我们到云南西南部中缅边境西盟佤族自治县，作佤族原始社会历史文化残余调查。当地生活艰苦，形势复杂，有时还会听到边境的枪声。[④]

类似这样"艰苦的实地调查，不知经历多少次"，梁钊韬对学生和青年老师的爱护，更是毕生都不曾改变。他不仅"经常给教授们介绍国内外人类学的学术动态，讲述自己教学科研工作的体会，为帮助青年教授备好课，甚至连自己的手稿和珍藏的资料都无私地提供给他们参考、使用"，而且还"经常到教师家里串门、谈心，了解他们的思想和生活状况，并积极帮助他们解决实际困难……多次为解决教师配偶调动、住房问题去奔跑，为解决教师的经济生活困难还时常倾囊相

① 陈启新：《梁钊韬教授学术思想研究》，载中山大学人类学系编《梁钊韬与人类学》，中山大学出版社1991年版，第33页。

② 庄益群：《梁钊韬教授生平业绩》，载中山大学人类学系编《梁钊韬与人类学》，中山大学出版社1991年版，第6–7页。

③ 梁钊韬：《滇西有关民族原始社会史调查材料初释》，载《中山大学学报》（哲学、社会科学版）1964年第3期。

④ 黄崇岳：《爱生如子的师范之德，多科综合的治学之道——忆恩师梁钊韬教授》，载周大鸣主编《梁钊韬先生评传》，社会科学文献出版社2011年版，第110页。

助……”[①] 多次被评为广东省和中山大学先进工作者。[②]

1966 年，中大师生分多批下乡劳动。[③] 1971 年，周恩来总理提出要落实知识分子政策和恢复正常的教学秩序。[④] 次年，梁钊韬从“牛棚”回来，复任历史系考古教研室主任，创立中大考古学系[⑤]，并于这一时期相继发表《中华民族的融合与混血》[⑥]《羁縻州、土司制与改土归流》[⑦]《西瓯族源初探》[⑧] 等学术成果，组织撰写《中国民族学概论》[⑨]，还发起成立了百越民族史研究会。[⑩]

1978 年底，党的十一届三中全会以后，中国对内改革、对外开放的政策开始实行。1981 年 4 月，在梁钊韬的努力下，中大重建人类学系，成为新中国第一个复办的人类学系。（图 4-22）同年，人类学系获国家首批博士点，成为当时国内唯一具有本、硕、博三个层次的人类学办学单位（图 4-23），为国内外学术界所瞩目，一度享有“中大的人类学系才是真正的人类学”的美誉。[⑪] 为了学系发展，梁钊韬还向

① 庄益群：《梁钊韬教授生平业绩》，载中山大学人类学系编《梁钊韬与人类学》，中山大学出版社 1991 年版，第 6–8 页。

② 庄益群：《梁钊韬教授生平业绩》，载中山大学人类学系编《梁钊韬与人类学》，中山大学出版社 1991 年版，第 6 页。

③ 吴定宇主编：《中山大学校史（1924—2004）》，中山大学出版社 2006 年版，第 295–296 页。

④ 吴定宇主编：《中山大学校史（1924—2004）》，中山大学出版社 2006 年版，第 310 页。

⑤ 梅方权、李翠玲：《梁钊韬先生小传》，载周大鸣主编《梁钊韬先生评传》，社会科学文献出版社 2011 年版，第 6 页。

⑥ 1974 年在中山大学历史系、经济系演讲稿。

⑦ 1975 年对广西进行考古学田野实习的学生演讲稿。

⑧ 梁钊韬：《西瓯族源初探》，载《学术研究》1978 年第 1 期。

⑨ 梁钊韬、陈启新、杨鹤书：《中国民族学概论》，云南人民出版社 1985 年版，第 2 页。

⑩ 庄益群：《梁钊韬教授生平业绩》，载中山大学人类学系编《梁钊韬与人类学》，中山大学出版社 1991 年版，第 13 页。

⑪ 庄益群：《梁钊韬教授生平业绩》，载中山大学人类学系编《梁钊韬与人类学》，中山大学出版社 1991 年版，第 9 页。

自己堂兄——时任香港大昌贸易行执行副董事长、恒昌企业有限公司董事兼总经理、恒生银行董事的梁銶琚先生介绍了中大人类学的情况，梁銶琚夫妇遂决定为中大捐建人类学系大楼。课题组在中大档案馆查到了当时中大校办副主任赵希琢于 1981 年 9 月 29 日致梁銶琚的感谢信，此信弥足珍贵，其全文如下。

梁銶琚先生阁下：

敬启者，据人类学系系主任梁钊韬教授称：先生关心祖国四化和教育事业，拟为中山大学捐建一座人类学系大楼。我们对于先生这种热情赞助我校发展事业，表示深切的感谢。现在中山大学的校舍，有些建筑就是由海外侨胞与外国友人捐建，如陈嘉庚纪念堂、陆祐堂等，先生拟捐建的大楼，如何命名，请酌定。

这座大楼，拟作人类学的教学、科学研究和人类学博物馆展览用。现将初步设计草图送上，请审阅、修改。有关具体事宜，现乘梁钊韬教授访港之便，造府面述。恕不赘及。专此

顺致 台安

中山大学办公室副主任赵希琢

一九八一年九月二十九日[①]

图 4-22　人类学系复办第一届 1981 级全体同学毕业与梁钊韬先生和任教老师合影[②]

① 中山大学档案馆藏。

② 中山大学社会学与人类学学院藏。

图 4-23　1986 年，梁钊韬参加我国培养的第一位人类学博士格勒的论文答辩会[①]

由于中大当时更为迫切地需要一座大礼堂，于是人类学系将正在筹建的“梁銶琚堂”让出，并通过梁钊韬将意见传达给时任中大副校长的刘嵘。同年 11 月 5 日，刘嵘在便笺纸[②]上写下“同意”二字，呈至学校校务会议，并建议以黄焕秋副校长的名义，回函答复梁銶琚，对其捐建大礼堂表示接受和感谢。11 月 14 日，黄焕秋即致信梁銶琚，在表达谢意之余，还描述了未来礼堂的主要用途、建筑面积、所需经费，并诚邀梁銶琚夫妇来校参观访问。[③]这便是今日中山大学“梁銶琚堂”的历史由来。它不仅是梁銶琚家族公益慈善事业的重要实证，更是梁钊韬先生对振兴整个中国教育事业深心大愿的不朽见证。（图 4-24）

---

① 中山大学社会学与人类学学院藏。

② 便笺纸存于中山大学档案馆。

③ 信件存于中山大学档案馆。

图 4-24　梁銶琚堂今貌[①]

人类学系复办后，梁钊韬的担子更重，但他依旧在专业上精益求精，笔耕不辍，先后发表《我国应有自己的民族学》[②]《百越对缔造中华民族的贡献——濮、莱关系及其流传》[③]《试论民俗形成的社会根源》[④]《黎族社会经济发展的文化教育因素》[⑤]《论"民族考古学"》[⑥]《人类学的研究内容与作用》[⑦]以及《"濮"与船棺葬关系管见》[⑧]等一系列高水平学术论文，并主编教材《文化人类学》。[⑨] 1986 年，梁钊韬受邀赴美讲学，同年，美国传记协会主编的《世界名人录》将"梁钊韬"的名字

① 摄于 2014 年 3 月 27 日。

② 该文发表于《民族学研究》第 1 辑，民族出版社 1981 年版，第 9–19 页。

③ 梁钊韬：《百越对缔造中华民族的贡献——濮、莱关系及其流传》，载《中山大学学报》（哲学、社会科学版）1981 年第 2 期。

④ 梁钊韬：《试论民俗形成的社会根源》，载《社会科学战线》1982 年第 2 期。

⑤ 梁钊韬：《黎族社会经济发展的文化教育因素》，载《民族研究》1983 年第 2 期。

⑥ 梁钊韬、张寿祺：《论"民族考古学"》，载《社会科学战线》1983 年第 4 期。

⑦ 该文载《人类学研究》，中国社会科学出版社 1984 年版，第 11–16 页。

⑧ 梁钊韬：《"濮"与船棺葬关系管见》，载《思想战线》1985 年第 6 期。

⑨ 梁钊韬主编：《文化人类学》，中山大学出版社 1991 年版，第 3 页。

载入其中，称其“为中国人类学的奠基工作做出卓越贡献”①。

秋季，访美归来的梁钊韬向人类学系全体师生作“访美观感”专题报告。在报告中，他指出中国人类学需要学习美国人类学的先进方法和实验手段，但对其理论必须作一分为二的扬弃，不可照抄，否则难以适应国情。②他还曾说：“我的爱人和儿子都在目前世界上最强大的国家，我完全可以不归来，但我是一个中国人，是中国高等学府的教授，我要为中国人民服务，不肯寄人篱下，所以毅然与爱人一道儿回到中国。”③

1987 年 5 月，梁钊韬病重入院。在病痛中，他提出入党申请，很快便获中大党组织批准，在医院病榻上闻此消息的梁钊韬激动不已。④他立下遗嘱，将自己珍藏了几十载的心爱图书全部捐赠给人类学系。同年 12 月 2 日，梁钊韬在广州市河南医院与世长辞，享年 71 岁。⑤

三、外贸与工商业的发展

作为清代十三行贸易的延伸，近河区域是烟火熙攘、思想蓬勃的栖居之地，也是广州近代外贸的货运枢纽与民族工商业发展的温暖摇篮。早在清末民初，就有太古仓码头、大阪株式会社码头以及诚志堂货仓等大型外贸的基础设施在此建成并投入使用，此外，全国首个橡胶公司也在龙导尾开业设厂。

---

① 庄益群：《梁钊韬教授生平业绩》，载中山大学人类学系编《梁钊韬与人类学》，中山大学出版社 1991 年版，第 9 页。

②③ 陈启新：《梁钊韬教授学术思想研究》，载中山大学人类学系编《梁钊韬与人类学》，中山大学出版社 1991 年版，第 40 页。

④ 广州市南武中学：《铸就学术和人格的丰碑——人类学家梁钊韬》，广州市南武中学内部资料。

⑤ 庄益群：《梁钊韬教授生平业绩》，载中山大学人类学系编《梁钊韬与人类学》，中山大学出版社 1991 年版，第 10-11 页。

1. 太古洋行与太古仓码头

同治六年（1867 年），英国人史怀雅（Swire）兄弟在上海创办太古洋行（Bullerfield & Swire Co.，Ltd），同治九年（1870 年）在香港设立总部。早在太古正式成立以前，琼记洋行的香山买办莫仕扬便开始在幕后为太古开拓市场，一直到 20 世纪 30 年代香港太古总行买办制度取消为止。莫藻泉、莫干生、莫应溎等五代相继，连续担任香港太古总行的买办长达百年。[①] 在此期间，莫氏家族多任命兄弟叔侄、姻亲担任买办、帮办、华经理等要职，同时将乡亲熟人安排到各洋行任职，形成一个以莫氏家族为核心的买办集团（图 4-25），以致外界一度谑称太古洋行为“莫氏家祠”。[②]

图 4-25　今珠海会同村莫氏大宗祠[③]

---

① 莫应溎：《英商太古洋行在华南的业务活动与莫氏家族》，载中国人民政治协商会议全国委员会、文史资料研究委员会《文史资料选辑》编辑部编《文史资料选辑——港澳台及海外来稿专辑》（第十四辑），中国文史出版社 1988 年版，第 127-150 页；莫应溎：《英商太古洋行广州分行》，载全国政协文史资料委员会编《旧中国的工商金融》，安徽人民出版社 2000 年版，第 667 页。

② 莫应溎：《英商太古洋行在华南的业务活动与莫氏家族》，载中国人民政治协商会议全国委员会、文史资料研究委员会《文史资料选辑》编辑部编《文史资料选辑——港澳台及海外来稿专辑》（第十四辑），中国文史出版社 1988 年版，第 143 页。

③ 摄于 2021 年 4 月 13 日。

太古成立初期的主要业务是代理蓝烟通公司的客、货运业务，顺带经营杂货生意。随着中国沿海各口岸间的货运量日渐增多，而蓝烟通的船只吃水较浅，太古遂于1872年成立了自己的黑烟通轮船公司，并在英国建造了一只载重2000～3000吨的轮船，专走中国沿海口岸。由于没有自己的码头，太古从香港运进广州的货物，在相当一段时间内，都不得不使用“大鸡眼”帆船转驳，把船停泊在广州沙面对开的白鹅潭。①

20世纪初，太古进入全面发展的“黄金时期”，不仅原有的航运、保险、糖业等业务蒸蒸日上，还于1901年在香港鲗鱼涌投资兴建了一个闻名远东的重型工业——太古船坞②，极大地带动了太古航运业的高速发展。1904年，为解决码头匮乏的难题，太古洋行通过广州警察厅长陈景华的关系，以承租地名义，收买了白鹅潭南侧“白蚬壳”附近的田地，用以建造黑烟通轮船公司的码头和大型货仓。历时4年码头竣工。(图4-26)③

① 莫应溎:《英商太古洋行在华南的业务活动与莫氏家族》，载中国人民政治协商会议全国委员会、文史资料研究委员会《文史资料选辑》编辑部编《文史资料选辑——港澳台及海外来稿专辑》(第十四辑)，中国文史出版社1988年版，第132-133页。

② 莫应溎:《英商太古洋行在华南的业务活动与莫氏家族》，载中国人民政治协商会议全国委员会、文史资料研究委员会《文史资料选辑》编辑部编《文史资料选辑——港澳台及海外来稿专辑》(第十四辑)，中国文史出版社1988年版，第144-145页。

③ 莫应溎:《英商太古洋行广州分行》，载全国政协文史资料委员会编《旧中国的工商金融》，安徽人民出版社2000年版，第679页。

图 4-26　太古仓建筑今貌①

落成之初，即由黑烟通轮船公司经营远东、东南亚以及来往于广州至香港、上海、越南等航线。②货仓主任最初由三江帮商人郑德生担任，后由莫庆敕和莫家姻亲唐绍雄先后继任。③民国初期，华南海运空前活跃，太古在广州的仓库业务也随之繁荣兴盛——“省港大罢工之前，货仓职工连假期都要日夜加班”④。对此，在太古任职的莫家第三代莫应溎先生曾留下一段珍贵忆述：

黑烟通轮船公司在广州白蚬壳建筑的货仓（俗称广州太古仓），共有仓房 10 幢，每幢包括两个仓库，共 20 个仓库。其中有一幢是专供贮藏棉花用的，用星铁搭成，与其他库房隔离（抗战时期有一幢仓房被日本飞机炸毁，故战后实存仓库 18 个）。这 20 个仓库的容积，每个可贮花生 5 万至 6 万包（每包 180 磅，即每吨 10 包）。仓库以外还有 3 个码头，其中一个是大码头，可同时泊两条船。故白蚬壳货仓的几个

① 摄于 2022 年 8 月 11 日。

② 王明星、陈守明绘著：《寻味羊城：海上丝绸之路今昔》，广东旅游出版社 2017 年版，第 82–83 页。

③④ 莫应溎：《英商太古洋行广州分行》，载全国政协文史资料委员会编《旧中国的工商金融》，安徽人民出版社 2000 年版，第 685 页。

码头，可以在同一时间，让 4 条船一起卸货物。在 20 年代的广州，可算是比较完善的仓库和码头建筑了。[①]

20 世纪 20 年代末至 20 世纪 30 年代初，太古洋行业务日臻鼎盛。其间曾经对太古仓码头区进行过一次改造和扩建，采用高桩梁板式结构分别建成内一码头一号、二号、三号桥泊位及内二码头。其中，内二码头又称“大阪株式会社码头”，由日本大阪商船公司最早修建。[②]那么，它是否就是今龙凤街道革新路新民八街 36 号被称为“大阪仓”（图 4-27）的系列建筑呢？

图 4-27　大阪仓办公室建筑今貌[③]

2. 大阪株式会社码头与大阪仓

有关“大阪仓”的历史由来，目前存在两种说法：一种来自《广

① 莫应溎：《英商太古洋行广州分行》，载全国政协文史资料委员会编《旧中国的工商金融》，安徽人民出版社 2000 年版，第 684 页。

② 张丽蓉：《百年风雨太古仓》，载广州市文史研究馆编《岭海史谭》，花城出版社 2018 年版，第 207 页。

③ 摄于 2022 年 8 月 11 日。

州市海珠区第四次文物普查线索登记表》，称“该码头始建于1930至1934年间，原是英商怡和公司在广州的大阪仓库……”[①]另一种则认为其为太古洋行于1930年代前后改建的内二码头，即大阪株式会社码头。[②]两种说法的时间范围基本一致，与太古仓码头改造和扩建的时段相近。假如大阪仓确曾是太古仓码头的一部分，那么二者之间究竟是什么关系？日本公司又是如何跻身广州外商码头之列的？课题组在前述天庆里1号主人——冯柏燎的生平资料中，发现了一条重要线索：

1925年6月，广州沙面爆发沙基惨案，导致了中国人民更大规模的反对帝国主义运动，上海、广州、香港等港口在接近半年时间内陷于瘫痪，许多外国机构只得放弃或收缩它们的业务。不过，抵制运动并没有影响利丰的生意，反而替它开辟了一些新的贸易渠道，使它跻身于代理行业之中。当时，中国政府不准外商在广州兴建码头，冯栢燎却能运用他与地方政府的良好关系，获准为日本大阪商船株式会社（O.S.K.Line）和日本邮船株式会社（N.K.K.Line）在广州建造专用码头，成为日本大阪商船株式会社、日本邮船株式会社，以及日本大阪海运及火灾保险公司（Osaka Marine & Fire Insurance Company）在广州业务的总代理，参与航运及保险业务。[③]

从中可见，日本大阪商船株式会社和日本邮船株式会社是在省港大罢工以后，经冯柏燎的关系运作，得以获准在广州建造专用码头的。冯柏燎在地方政府里的这个“良好关系”，很可能就是今龙福西一巷1号“康庐”的主人——卫百揆。课题组在1928年的《广州市市政公报》中，发现一则“查明卫百揆倒卖国土情形案”的政府公文，从中

① 陈健康：《广州市海珠区第四次文物普查线索登记表》。

② 张丽蓉：《百年风雨太古仓》，载广州市文史研究馆编《岭海史谭》，花城出版社2018年版，第207页。

③ 冯邦彦：《利丰冯氏迈向110周年：一个跨国商贸企业的创新与超越》，中国人民大学出版社2016年版，第9页。

得知有人告发卫百揆将河南凤凰岗一带土地倒卖给日本大阪商船株式会社。该地“前临海面，右便阜隆仓，左便太古仓”，与今大阪仓所在区域吻合。①

于是我们沿着这条线索，深入大阪商船株式会社的史料里继续探究，终于在1934年出版的《大阪商船株式会社五十年史》中，查到了该会社位于广州的仓库及“出张所”的地址和照片，其中照片下方文字标注为“广东出张所”（图4-28），即驻外代表处之意。图中建筑形貌清晰可见，其与今大阪仓办公室外立面完全一致，可确认其为革新路新民八街36号的大阪仓无疑②，因此，《广州市海珠区第四次文物普查线索登记表》中，应是将“太古”误记成“怡和”。

图4-28 大阪商船株式会社的“广东出张所”③

① “查明卫百揆倒卖国土情形案”，载《广州市市政公报》1928年第298期，第33-34页。

② 大阪商船株式会社编：《大阪商船株式会社五十年史》，大阪商船株式会社1934年版，第760-761页。

③ 大阪商船株式会社编：《大阪商船株式会社五十年史》，大阪商船株式会社1934年版，第760页。

3. 卫百揆与诚志堂货仓

太古仓与大阪仓的出现其实并非偶然，假如把视域稍稍扩大，很容易发现，在珠江后航道的洲头咀隧道至鹤洞大桥两岸的滨江区段，除太古仓与大阪仓的旧址，还分布着诚志堂货仓、日清仓、渣甸仓、美孚仓、龙唛仓、德士古油库等多个洋行码头与仓库旧址。这是因为沙面租界建成以后，各国洋行竞相发展，而这一带航道刚好具备修筑码头的条件，于是各种商业机构相继在此开辟码头、建造仓库。

从目前可见的信息来看，位于今革新路新民大街 46 号的诚志堂货仓（图 4-29），很可能是唯一一座国人自办的仓库。在民间文保爱好者的热心呼吁和努力推动下，它于 2014 年被列为广州市第一批历史建筑。与其他货仓、码头所不同的是，诚志堂货仓的历史身份及相关背景至今完全缺失。课题组在调研过程中，发现诚志堂货仓也与前述龙福西一巷 1 号“康庐”的主人——沥滘富商卫百揆（图 4-30）有着千丝万缕的联系。

图 4-29　诚志堂货仓今貌①

① 摄于 2023 年 4 月 30 日。

经过多番走访调查，课题组发现了三条线索。其一，卫百揆虽生于沥滘，但早年迁居河南沙园，并曾于沙园修建一小型私伙祠，名曰“承志堂”，亦作“诚志堂”[②]；其二，诚志堂货仓墙面至今仍有“宗连记造”四字，而卫百揆的家族别墅康庐门前亦曾有一老旧花盆，上曰“宗连记赠”；其三，卫百揆于1930年被国民政府工商部任命为广州商品检验局的烟果兼桂皮检验处副主任[③]，而新中国成立初期的诚志堂货仓刚好就是一座桂皮加工厂，又称“桂皮仓”。[④]尽管不能就此确认诚志堂货仓与卫百揆之间存在必然联系，但如此多的“巧合”，引起了我们对于卫百揆的浓厚兴趣。

图4-30　卫氏家藏卫百揆像[①]

这是一个几乎名不见经传的历史人物，仅有的零星记载显示他在商业和公益领域颇有建树，其中公益领域的活动多与南武一系的革命党人息息相关。如前所述，潘达微与麦公敏等人于1904年在歧兴南约开办赞育善社[⑤]，随后该社即由卫百揆主持；[⑥]1919年，在《博济》刊物上登出的博济医院值理中，卫百揆以“洪福置业公司总理”的身份赫然在列（图4-31）；[⑦]1920年，卫百揆作为中国红十字会广州河

图4-31　1919年《博济》刊物中的卫百揆像[⑧]

① 卫百揆后人提供。
② 瑶头村宗亲及沥滘村卫氏宗亲共同回忆。
③《工商公报》1930年第18期，第9页。
④ 广州市地名委员会、《广州市地名志》编纂委员会编：《广州市地名志》，香港大道文化有限公司1989年版，第201页。
⑤ 郑春霆：《岭南近代画人传略》，香港广雅社1987年版，第135页。
⑥ 刘小斌、郑洪编：《岭南医学史》（中），广东科技出版社2012年版，第576页。
⑦⑧《博济》1919年第6期，第2页。

南分会会员，荣获广东军政府颁发的三等嘉禾章，时任会长的正是曾经的革命党人谢英伯。[①] 1923 年，在有关中国红十字会番禺分会的报道中，卫百揆已成为继谢英伯之后的第二任会长。[②]

鉴于卫氏与晚清河南革命党网络之间的密切关系，课题组猜想他很可能具有西医背景，并参加过革命事业。为了查证这些猜想，我们于 2023 年 5 月 4 日前往海珠沥滘村展开调查。对沥滘村有着多年研究的石坚平教授[③]为我们引荐了熟悉村史的卫鼎峰先生。在访谈中，我们得知，卫百揆属沥滘卫氏东渔祖房，有“伯揆”“举舜”等多个名讳，该房曾建有专门祠堂，旧址即今卫国尧小学所在地。卫百揆一支的堂号为“承志堂”，此堂号经常出现在卫百揆的生意往来中，因生意场讲求诚信，故多写作“诚志堂”。当问及革新路新民大街 46 号的诚志堂货仓时，卫鼎峰非常肯定地回答，那就是卫百揆的产业。此外，我们还意外得知村里尚保留有卫百揆祖居两间，位于沥滘五约大街 11、12 号，而卫百揆有一房子孙，至今仍居住在龙凤街道龙福西一巷的家族别墅之中。

图 4-32　康庐今貌[④]

这是两幢建筑形制几乎一样的连体别墅（图 4-32），分别称作“康庐”（龙福西一巷 1 号）“顾庐”（龙福西一巷 3 号）。其

---

①《公文：内政部陈核广东督军请奖红十字会会员赵恒轩等一案应予分别给章文》，载《军政府公报》1920 年修字 182 号。

②《红会救护粤战伤病之电文》，载《申报》1923 年 4 月 29 日第 13 版。

③ 石坚平教授长期研究河南沥滘，著有《创造祖荫——广州沥滘村两个宗族的故事》，现任五邑大学广东侨乡文化研究院副院长，特此致谢！

④ 摄于 2023 年 2 月 21 日。

中，康庐门前的一对民国花盆上，至今仍清晰可见“百揆先生惠存”几个大字（图 4-33）。绕别墅行走一周，我们还发现康庐二楼设有“卫宅”信箱，于是初步判定卫氏后人大概率居于康庐。

图 4-33　康庐门前花盆字样①

沥滘返回次日，我们在环珠社区居委帮助下，成功联系到了居住在康庐二楼的卫宏炎先生。今年 80 岁的卫宏炎是卫百揆嫡孙，退休前是广州市保温瓶厂质检员，因腿脚不便下楼，于是他邀请我们入户访谈。踏进居室，几乎没有寒暄，他便开门见山地说：“我对阿爷了解不多，知道南武中学和红会医院他都有捐钱，我叔叔知道得多，还写过一本书的。”随即他取出一本自行打印的文本，递给我们，同时还附有保存该文电子版的一个光盘。“家族历史里面记载得很详细，我叔叔卫普津还在世，九十多岁了，很健谈的，你们也可以去找他。”言毕，卫老翻出电话本里抄录的卫普津住址和电话让我们拍照。

这是一本题为《暮年琐忆》的珍贵家族回忆录，作者自署“普津”。他开篇即道，自己是“踏入七十岁后学了电脑，手指不觉痒痒的，于是，敲敲键盘把这几十年的片段回忆记录下来，让我的后人知其一二……”②这位有心的卫普津，是卫百揆十弟卫举堂之子，其称卫百揆为“三伯父”。在专写三伯父的章节里，他无意中带出了卫百揆一个鲜为人知的别名——“我家祖居后面的合福大街的街名也是他所书的，不过，署名则写卫汉夫罢了。”③（图 4-34）

这一别名引起了课题组高度关注，因为在晚清革命党人潘达微主

① 摄于 2023 年 5 月 5 日。

②③ 卫普津:《暮年琐忆》，未刊稿，卫宏炎家藏。

编的《时事画报》中，“卫汉夫”之名就赫然在列。学者周丹杰曾统计道：“查1905年第7期公布的《本报美术同人表》，有名‘卫汉夫’者，字新觉，绘画长于花卉（自1906年第7期，不见记录于《本报美术同人表》）。而据笔者所查，1905年他也曾以笔名‘新觉’在画报中发表过4首粤讴……”②（图4-35）

图4-34　卫百揆开发的“合福大街”今貌①

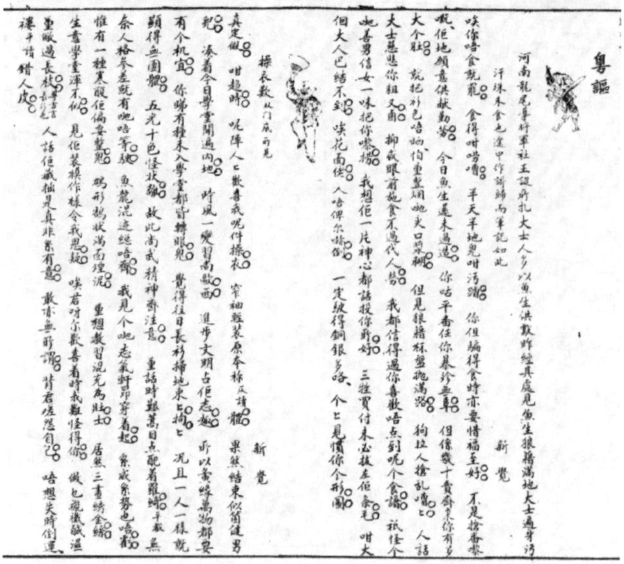

粵謳

河南龍尾導將軍社王誕所扎大士人多以魚生供數昨經其處見魚生狼藉滿地大士遍身污汗珠未食也途中作新歸而筆記如此　新覺

唉你唔食就罷　食得咁嘈嘈　半天半地兜咁污糟　你但騙得食時亦要惜福至好　不是搭番嚟喺佢地頗意供就勤勞　今日魚生還未過造　你咕平番任你暴殄無辜　但係幾十貫錢來你有多大个肚　就把补已唔啲伯重整嗰啲火口燥　但見狼藉杯盤拋滿路　狗拉人搶亂嘈嘈　人話大士慈悲你粗又鹵　抑或眼前施食不過代人勞　我都信得過你喜歡唔點到呢个食譜　祇怪个啲善男信女一味把你嚟播　我想佢一片神心都話投你所好　三牲買付未必拔在佢条毛　咁大個大人已結不到　唉花面佬　人唔俾你嘈　一定攞得銅銀多咯　个个見慣你个形圖

採衣歎　以门东而見　新覺

真定做　咁趨時　呢陣人人歎喜我呢件採衣　窄袖短裝原本稱又靖　果然結束似箇健男兒　湊着今日學堂開遍內地　時風一變習尚歐西　進步文明占佢志氣　所以蠶蜂萬物都要有个机宜　你睇有種未入學堂都會轉眼兜　覺得往日長衫掃地束手束腳　況且一人一樣就顯得無團體　五光十色怪狀離奇　故此尚武精神齊注意　重話時雖萬日点配着羅綺　千般無奈人格參差就有啲唔等駛　魚龍混雜絕唔齊　我見个啲志氣軒昂穿着起　系咁系勢也唔齊　惟有一種眞假佢偏要整鬼　鵰形鵠狀滿面煙泥　重想教習混充爲賤士　居然三畫綉金錦　生意學堂渾不似　見佢裝模作樣令我思疑　唉若呀你歡喜着時我難怪得你　做乜飛撇職逞重威過長枝　人話佢戴袖兄真非系有意　敢話無所謂　背君嗟怨句　唔想失時倒運褸牛指錯人皮

图4-35　卫百揆以“新觉”笔名在《时事画报》上发表的粤讴③

① 摄于2023年5月5日。

② 周丹杰：《晚清报刊中的粤剧班本及其创作群体探考——以〈时事画报〉为主要考察对象》，载《中华戏曲》编辑部编《中华戏曲》，文化艺术出版社2019年版，第170页。

③《时事画报》1905年第5期。

综合前述卫百揆的生平来看，卫氏在这一时期不仅供稿于革命党人主办的《时事画报》，而且在革命机关赞育善社中主持各项事务，而后又说服海幢寺僧出让地产开办南武学堂[①]，如此厚密的联系，很难想象他对当时的革命事业一无所知。寻思之际，《暮年琐忆》里一句闲笔引起笔者的注意："关于三伯父年轻时的详情，我们都没有问过父亲和母亲……1998 年宏毅的妈妈去世时在喝'解秽酒'的时候，他向我说，他祖父（即三伯父）曾对他说自己是'革命党'……"[②] 随着卫百揆早期身份水落石出，诚志堂货仓的历史身世也平添了一份革命的景深。

民国后，卫百揆投身工商业，曾在河南南石头附近开办振兴陶瓷工厂。[③] 随后涉足地产，开办洪福置业公司。[④] 1917 年，承领凤凰岗坦地一块。[⑤] 20 世纪 20 年代开发合福大街。[⑥] 该街位于广州市海珠区海幢街道，至今附近仍有卫氏后人居住。[⑦] 1923 年，凤凰岗坦地中的 15 亩地被查出属非法霸占民田，当时的新闻报道称卫百揆为"土棍"，言其被限十日内缴纳数万罚款，卫百揆拒不交款，于是该地被充公，卫氏损失高达 28 万元以上。[⑧] 当时经办这一案件的广州市公务局测量主任韩锋回忆初见卫百揆的情形，有这样一段描述：

管事带我落电船，驶至河南（今海珠区）某机器锯木厂，见着卫伯揆，他是个黑黑的瘦个子，年约 40 多岁，穿着套灰绸短衣裤，那条金表链足有三两重。他递了张名片与我，我看见街头足有七八个，什么番禺县红十字会会长、某机器锯木厂经理、某陶瓷厂总经理、某航业公司董事长、某出口公司司理……最末那条是广州商品检验局总务

① "南武中学的校址是原海幢寺的殿堂，听说也是他劝说寺僧献出的。"卫普津：《暮年琐忆》，未刊稿。卫宏炎家藏。

②③ 卫普津：《暮年琐忆》，未刊稿。卫宏炎家藏。

④《博济》1919 年第 6 期，第 2 页。

⑤⑧《坦地充公》，载《广州民国日报》1923 年 10 月 15 日。

⑥ 卫普津：《暮年琐忆》，未刊稿。卫宏炎家藏。

⑦ 2023 年 5 月田野调查得知。

课长。[①]

1928年前后，卫百揆结识了国民党元老胡汉民的兄长胡清瑞，卫普津忆述中称其为“胡大先生”。在胡清瑞的带领下，他们联手创办了规模庞大的利群公司，承包了全广州市的屠宰税，并把多个卫氏家族成员安排到了利群及其下属机构工作。[②] 不久卫百揆又与亲友投资合办了“务农围”和“务本围”两个农场，其中务农围就在河南麦村，务本围”则位于番禺万顷沙。[③]

1930年，卫百揆任广州商品检验局烟果兼桂皮检验处副主任。[④]1933年，卫百揆开办中华制造厂，专事牙签生产。[⑤] 这一时期，卫百揆涉足多种产业，收入颇丰。1934年前后，开始在龙福西一巷置业筑屋，卫普津对此回忆道：

三伯父家的房子在龙福西一巷1号，叫“康庐”；六伯父家是3号，叫“顾庐”。两家的房子连在一起，房子的“外立面”完全一样，用料也一样，甚为和谐。两家以中间一条“青云巷”相隔（该巷属三伯父的产业）。康庐的面积比顾庐大半倍左右。前者共两便过（两个开间），后者只有一便过。两座房子高均为两层，室内间格基本相同，都有前后花园（前边的有一二米深；后边的才比较大）；前有客厅，后有神厅。粗略计算，三伯父家有5厅14房；六伯父家也有3厅和若干个房。房子约在1934年末或1935年初建成，建成后祖父母仍分别跟他们住，都被安排在近后花园的大房里，颐养天年，其乐融融。[⑥]

---

① 韩锋：《自称“河南一霸”的卫伯揆》，载广州市政协文史委员会编《广州文史资料存稿选编》第4辑，中国文史出版社2008年版，第33页。

② 卫普津：《暮年琐忆》，未刊稿。卫宏炎家藏。其中，1928年10月的一份《市南屠厂变更地点案》档案亦显示，当时南屠厂的承办人确为卫伯揆、劳宝识等，参见《南屠宰场一案训令并案查拟具复由》训令第五三九号，民国十七年（1928）十月九日。

③⑥ 卫普津：《暮年琐忆》，未刊稿。卫宏炎家藏。

④《工商公报》1930年第18期，第9页。

⑤《商标公报》1933年第74期，110页，卫百揆申请注册牙签商标。

这段忆述更正了长期流传的康庐、顾庐乃卫百揆两房太太居所的误识。[①] 卫百揆实际上有一妻三妾，全家数十口全部居住于1号康庐。[②] 1935年，诚志堂货仓墙体倾倒，“三月由诚志堂自行出资拆卸重回”，这是镌刻于诚志堂货仓大门墙上石碑的文字，至今仍清晰可见。那时货仓的主人，正值事业发展的鼎盛时期，同时享受着大家庭其乐融融的美好岁月。可惜好景不长，1938年10月，广州沦陷。是年11月，整间南武中学被征作日军医院，包括顾庐、康庐在内的周边民房亦被征作医院人员宿舍，卫百揆一家被迫迁往澳门，大量财物丢失。抗战胜利以后，卫百揆成立裕强公司，承包全市的粪溺捐税。新中国成立以后，卫百揆移居香港，1952年因脑出血与世长辞。[③] 他的生命故事不仅揭开了海珠现存唯一国人自办仓库的身世背景，丰富了近河辛亥志士的群像风貌，更展现了近代广州革命、公益与商业之间的互相构成。

4. 中国第一家橡胶厂的诞生

作为民国初年广州创业的热土之一，近河中心也吸引着海外华人华侨的目光。1915年，广州南基乡人邓凤墀与归国华侨陈玉波在龙导尾创办了中国第一家橡胶厂——广东兄弟树胶公司。(图4-36)邓凤墀原是广州恒昌盛木材店的老板，子女众多。其中，第九子邓兆鹏随谊父陈玉波在新加坡谋事。陈玉波是一名牙医，日常需用橡胶制作牙托，因此略懂一些制胶知识。在他的牙医馆对面，恰有一间法国人开办的修补汽车轮胎工厂。有一天，邓兆鹏弄来一小块橡胶半成品，与陈玉波一起进行分析、化验。很快，他们便从中领会了制胶原理，并因此

① 课题组在多个不同场合听到广州市民间文保组织在导赏“康庐”“顾庐”时如此讲述，甚至有将此说著书出版，比如田飞、李果著《寻城记·广州》，商务印书馆2012年版，第258页。

②③ 卫普津:《暮年琐忆》，未刊稿。卫宏炎家藏。

而产生了回国制胶的想法。此时的邓凤墀正有弃商转工之念，也认为新兴的橡胶工业前景光明，于是把在海外的儿子全部召回，与陈玉波一起合作办厂。①

图 4-36　广东兄弟树胶公司广告 ②

开业之初，公司技术方面由陈玉波、邓兆鹏全权负责，资金则由邓凤墀以及陈玉波的亲戚张氏兄弟共同筹集。公司业务是生产男装胶鞋底，其商标为双飞箭标志加“中国第一家”文字，产品一投入市场，即大受群众欢迎。但由于缺乏管理经验，先是发生了一次汽甑爆炸，工厂被迫迁往河南鳌洲大街继续生产，后又因股东内部意见分歧，于是拆股开投，结果邓凤墀父子投得，邀谊亲梁采南增资入股，继续经营。陈玉波则与张氏兄弟在附近另设一厂，但该厂很快倒闭。

邓、梁合资的兄弟胶厂产品依旧大受市场欢迎，每天一早便有进货商在工厂门口排队进货，利润甚为可观，却也因此吸引了黑社会势力的垂涎，邓凤墀遭到扣押勒索。经此一事，邓凤墀决定举家迁往香港，将“兄弟”的大部分股份让予另一友人莫彦卿。1923 年，邓家在香港深水埗开设广东兄弟树胶公司香港分厂。1924 年，邓凤墀派两儿兆鹏、兆枢赴日本参观学习，回港后增加花式品种并改良技术，新产品获得市场好评。然而邓凤墀却感到香港市场主要被洋商垄断，华资

① 邓仲仁：《邓凤墀父子与广东兄弟树胶公司》，载寿乐英主编《近代中国工商人物志》第 4 册，中国文史出版社 2006 年版，第 91 页。

② 广州市华侨博物馆藏。

在港很难发展壮大，于是决定在上海另设分厂。

1927 年，邓兆珍携四五十名熟练工人由港赴沪，在杨树浦区荆州路租赁仅 400 平方米的五间民房作为工厂，生产黑色帆布面男装运动鞋。由于产品质量上乘，公司业务发展迅速，厂房面积已远远不够，1929 年，邓氏在培开尔路租赁三层楼大仓库一幢作为厂房，面积扩至 6000 平方米。此时，上海的大中华、正泰等厂家亦已开始生产胶鞋，市场竞争激烈。邓兆珍敏锐地意识到女装胶鞋尚存在市场空缺，遂推出以人造革作底、花呢作面的“女学生鞋”，一经面世即大受青睐。随后，又推出了洋货“陈嘉庚球鞋”的国货版，款式新颖且定价实惠，在青少年市场大获全胜。“兄弟”于是乘胜追击，在 1933 年和 1935 年的南京、上海全运会上，以振兴国货为口号，配合学生爱国运动，广泛宣传“兄弟球鞋”，使之逐渐取代一度热销的拔佳球鞋而闻名全国。此后，兄弟胶厂的分行遍设大江南北，有与客户联合经营的如天津、汉口、杭州、厦门、汕头等分行，还有厂方直接设立的如江苏、南京、芜湖、广州等分行。这一时期是兄弟胶厂发展史上的黄金时期。

由于上海重要的工业原料全部由外商掌握，“兄弟”所用的树胶、硫黄、碳加粉、快熟粉等原料需向德、日两国的洋行购入。因一次到期未付，“兄弟”遭日本洋行向租界法院提起诉讼，导致资金周转紧张，加之时局动荡，银行期票临时由 6 个月改为 3 个月，终致周转困难，无法维持。1936 年，上海“兄弟”关厂倒闭，由债权人接管，所属各分行同时清理。是年前后，香港分厂亦因受洋货挤压，宣告改组，由英商德普洋行接管，中国首个橡胶厂的历史就此终结。① 一年以后，抗日战争全面爆发。

① 邓仲仁：《邓凤墀父子与广东兄弟树胶公司》，载寿乐英主编《近代中国工商人物志》第 4 册，中国文史出版社 2006 年版，第 91–95 页。

四、中国共产党的龙凤纪事

民国中后期，“富者多居之”格局仍在龙凤一带延续，浓厚的文艺氛围、舒适的居住环境以及发展外贸工商业的良好条件，持续吸引着丰富多元的人群来此生活和定居，不断为此地带来活力与生机。其中，也包括悄悄燃起的革命星火：有在此接受革命启蒙，日后成长为理论大家的热血青年；有在寻常巷陌的烟火日常里秘密战斗的地下党员；还有将昔日殖民势力的象征——太古仓码头染上革命红色的英勇船员。

1. 南武养育的革命理论家温健公

翻开民国时期南武中学的学生名册，我们发现其中既有世居此地的绅商之后，也有从偏远乡村慕名而来的普通学子。当时，有一位自称“寒门书生”的少年[①]，以优异成绩从乡下考入南武，并在这里接受了革命的启蒙，成为日后对中国革命影响深远的理论家，他就是中共党员温健公（图 4-37、图 4-38）。

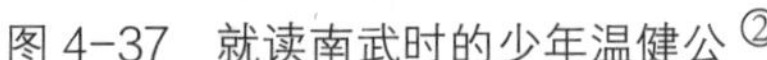

图 4-37　就读南武时的少年温健公[②]

图 4-38　青年温健公[③]

① 亚马：《温健公年谱》，载中国人民政治协商会议山西省委员会文史资料研究委员会编《山西文史资料》第 69 辑，1990 年，第 78 页。

② 广州市南武中学：《南武春秋：时代的骆驼——革命理论家温健公》，2017 年 11 月 21 日发表于广州市南武中学公众号。

③ 中共梅州市委党史研究室：《温健公》，2021 年 9 月 10 日发布于“梅州党史”网（http://www.mzsds.com/kryl/list011/2021-09-10/940.html）。

温健公，原名温文淦[①]，曾用名杰雄、湘萍等，还有多个笔名，1908年10月10日，出生于广东梅县松口车田村，家祠号“太原堂”。当时温家有六女一子，健公排行第五。年少时，其家境贫困，父亲远走南洋务工经商，家中大小事均由慈母把持，健公因此与母亲感情深厚。六岁那年，健公入读车田小学，十一岁时考入松口公学。[②]

1922年，十六岁的温健公考入广州私立南武中学。[③]入校头几个月，仍是何剑吴校长治校，此后为了南武筹款，何氏远走海外，郭熙棠接任校长。郭熙棠是何剑吴的学生，自1922年起，五次出任南武校长。[④]当时南武已是举国知名，时人称“北有南开，南有南武”。1924

① 他在南武求学期间使用本名“温文淦”，后期才改名“温健公”。为方便叙述，行文统一使用“温健公”这一更加为人熟知的名字。

② 亚马：《温健公年谱》，载中国人民政治协商会议山西省委员会文史资料研究委员会编《山西文史资料》第69辑，1990年，第66、67页。

③ 南武中学于民国十一年（1922年）开始逐渐改为新学制，中学行“三三”制，称“两级中学”，先办初级中学三年级。温健公就读期间，南武新、旧学制并行。在一份民国的南武历届学生毕业表上，温健公（当时使用本命温文淦）为旧制中学第十一届（民国十四年）毕业生、为倒数第二届旧制毕业生。但温家家属收藏的一本年级纪念册，则显示其“1926班级”。根据《南武历年大事记》《南武中学历届中学毕业生》，载何骧编《南武五十周年》，1945年，第33、37页，广东省立中山图书馆藏。

④ 郭熙棠为1907年“南武两等小学堂”初等小学第一届毕业生，后毕业于南武中学，赴清华大学，列1917年留美预备部放洋同学名单，1921年获美国普渡大学畜牧学士，1922年获美国康奈尔大学硕士。其兄郭荫棠、其子郭同仪等家族成员在教育界也颇有建树。郭父逵伯为六子于河南建宅“葵园”，今前进路仍保留“葵园巷”名。但为执教之便，郭熙棠长期租住于南武旁的同福西街。1922—1952年间，郭熙棠在何剑吴“数次出走”期间五次出任校长，累计达18年之久（包括在香港、曲江办学期间）。1952年7月，郭熙棠率南武全校师生向党和政府“献校”。参见《南武历年大事记》，载何骧编《南武五十周年》，1945年，第33、34页，广东省立中山图书馆藏；《一九一七留美预备部放洋同学》，载李景文、马小泉主编《民国教育史料丛刊970高等教育·高等教育史》，大象出版社2015年版，第158页；麦汉永：《南武学堂之创办历程》，载李齐念主编《广州文史资料存稿选编（文化教育类）》第七辑，中国文史出版社2008年版，第26-34页；郭同仪先生讣告，2022年12月。

年，温健公在五四思潮影响下，与几位同学组建了两个学生社团——英语谈话会（图 4-39）与晨曦社。①

图 4-39　英语谈话会成员合影，其中温文淦即温健公②

其中，晨曦社订阅各类新文学作品以及《三民主义》《新青年》《醒狮》等政治报刊。温健公家人手中曾藏有一本南武《一九二六年级手册》③，有关于晨曦社（简称“D.A.”）的如下描述：

因为生活的枯燥，因为求知欲的压迫，我们 D.A. 之设，D.A. 的

① 亚马：《温健公年谱》，载中国人民政治协商会议山西省委员会文史资料研究委员会编《山西文史资料》第 69 辑，1990 年，第 66–98 页。

② 南武中学《一九二六年级手册》，私人收藏。

③ 温健公的遗物中包含一册《一九二六年级手册》，是当年他从南武毕业的纪念册，1990 年南武中学 85 周年时，其遗孀、老革命家宋维静同志亲自献给温健公母校，后由南武捐赠革命博物馆保存。作家亚马 20 世纪 80 年代为编写《温健公年谱》曾访问多位温健公亲人、友人，翻阅其遗物，在其文章中摘录和引用了大量温健公的电报、文稿及其他一手文献，也包括这本纪念册，弥足珍贵。参见亚马《温健公年谱》，载中国人民政治协商会议山西省委员会文史资料研究委员会编《山西文史资料》第 69 辑，1990 年，第 66–98 页。

使命在供给我们以智粮，在滋润我们枯寂无味的生活。我们几个人因为同游文学的兴趣，所以D.A.得藏书，多偏于文学一方面。我们对于文学还是初次尝试，我们还是抱着“多读主义”；但是我们认为：文学乃内心自然流露，而不是矫揉造作的，所以我们反对一切虚伪的文学，摒弃一切无聊的作品。

D.A.的生命快满一年了，因为限于[①]我们的绵力，所以没有多大的成绩，藏书也不过三百册，单着一年的生命，却很值得我们纪念。

类似这样的新文学社团，当时在全国各地的校园都十分流行。青年学生以读书会等形式，订阅先进书刊，定期开展学习、讨论，接触不同派系的文学作品和文化思潮，思考国家和社会的前进方向。不少此类学生社团后来发展成左翼文学阵地，或被共青团、党组织所吸纳。[②]

晨曦社起初也是以文学活动为主。1925年“五卅”惨案发生，震惊全国，晨曦社成员也随之分化。惨案在沪发生后，中共很快组织起反帝斗争大罢工，分别于当年6月19日、6月21日在香港、广州开展了轰轰烈烈的罢工运动，以声援上海。6月23日，广东各界10万余群众在东校场举行援沪示威大会，时任南武学生会会长的温健公不顾学校反对，带领多名南武同学划艇渡珠江参加大游行。[③]是日午后，游行开始，当队伍行至沙面租界对岸的沙基时，租界内的帝国主义军队突然开枪扫射群众，并有军舰开炮，造成52人身亡、170多人重伤，另

---

① 原文为“限子”，应为印刷错误。

② 例如，20世纪30年代初，洁芳女校罗文坤和勷勤大学苏曼等进步青年学生一起创办了“曙光社”读书会，阅读讨论马列主义理论著作。后来二人加入共产党并结为夫妇，一同回家乡广西为党组织工作。1942年，在白色恐怖下，罗文坤、苏曼、张海萍三人为保护党的组织和机密，集体自缢身亡，后人称其为桂林“七九”三烈士。广西壮族自治区妇女联合会编：《广西妇女运动史 新民主主义时期》，广西民族出版社1996年版，第548–549页。

③ 黄瑞鸿、梁星辉：《广州河南一百五十年大事拾贝》，载政协广州市海珠区文史资料研究委员会编《海珠文史（专刊）》，1990年，第18页。

有轻伤者无数。温健公从工人和青年学生的尸体与血污中冲进黄埔军校同学队伍，才侥幸逃过一劫。在这次运动中，他亲睹同行三人牺牲。[①]

亲历“沙基惨案”的温健公立志报仇，他义愤填膺地投入到反帝国主义的宣传之中，为日后人生道路的选择埋下了伏笔。次年，温健公从南武毕业。在这年的毕业手册中，每名毕业生均有一页赞文，温健公的赞文这样写道：

他有数学天才，他有文学兴趣；他有改造社会的雄心，他有冲破寂寞的勇气；他咒诅灰色的人生，他设骂罪恶的社会——但是恶劣的环境，把他囹圄得一筹莫展，他常发泄他反抗的哀鸣和自悼的忏语。现在，现在，他行于人生的旅途上，努力着，建设他未来的红色人生。[②]

毕业以后，他曾短暂在小学任教，后考入中山大学，开始半工半读的大学生涯。在此期间，他经常前往新文学社团[③]开办的书店，与创造社成员结交，同时他还阅读了大量的进步书籍。1927 年，他离开广州前往上海，求学的同时积极投身新文化运动。在沪期间，他以温杰雄的名字，考入“南京国民革命军总政治部工作人员养成所”进修，结业后前往河南省，在中州通讯社和国民党河南省党部任职，有机会在北方多处进行考察，讲授三民主义。1928 年，温健公返回沪上，加入中国共产主义青年团，后转入中国共产党。这一时期，他靠写书、

① 亚马：《温健公年谱》，载中国人民政治协商会议山西省委员会文史资料研究委员会编《山西文史资料》第 69 辑，1990 年，第 67 页。

② 亚马：《温健公年谱》，载中国人民政治协商会议山西省委员会文史资料研究委员会编《山西文史资料》第 69 辑，1990 年，第 69–70 页

③ 创造社是成立最早、影响和贡献最大的文学社团，1921 年在东京成立，创始成员有郭沫若、郁达夫、成仿吾、张资平、田汉等在日留学的中国学生。前期的创造社对五四以来新文学的发展起到巨大促进作用。第一次国内革命时期，成员纷纷投身革命，成为提倡和实践革命的核心社团，在马克思主义的传播、无产阶级文学理论的构建等方面都做出了重要的贡献。参见丽娟：《人文视角的现当代文学研究》，光明日报出版社 2017 年版，第 38–40 页。

翻译谋生，笔耕不辍，同时积极为党组织做青年学生和工人工作，之后曾在一次集会活动中被捕，所幸证据不足最终获释。①

因当时日本翻译苏联的进步书籍较多，学习条件较好，温健公遂于1930年带着在沪存下的积蓄东渡日本。旅日期间，他一方面保持优异成绩以维持官费补助，另一方面将大量的时间和精力投入到马列主义理论、政治经济学以及现代哲学等相关领域的自学之中，并在党组织的推动下，参与了“中华学生留日同学会”的发起与成立，该会由其堂侄温盛刚任秘书②，温健公为宣传部部长。1931年“九一八”事变后，留日学生与华侨在东京召开追悼东北三省死难烈士和同胞大会，会议由温健公主持。尽管期间被日本警方多次干预，但温健公仍旧有条不紊地组织会议进行到底，并率领学生到中国驻日大使馆前示威。③

1931年10月，温健公回到上海，继续投入抗日救亡运动。一次集会后，因身上被搜出抗日传单被捕。尽管有多位朋友为他奔走，但温健公仍被判处破坏睦邻关系罪，于1932年被收押至上海龙华监狱。④关押期间，温健公将日文版的《资本论》译成中文，后来以化名出版。曾参加广州起义的宋维静受组织委托常去监狱探望温健公，二人渐生情愫。

① 中共广东省委党史研究委员会办公室、广东省中共党史人物研究会：《南粤英烈传》，广东人民出版社1983版，第401–408页。

② 秦元邦：《悼念温盛刚同志》，载中共广州市委党史研究室编《碧血黄花　中国左翼文化同盟广州分盟成立70年》广东人民出版社2004年版，第279页。尽管温盛刚是温健公的堂侄，却比他更长一岁。温盛刚后来成了著名的广州“文总”六烈士之一，温健公曾在“骆驼丛书”扉页纪念这位“刚哥”。其弟温盛湘也加入了中国共产党，曾在温健公入狱时送过物资，新中国成立前从事情报工作十多年，是后来广州解放时在长堤挂起大幅国旗迎接解放军的“中原行梅老板”。温澄心：《梅叔公的家国恋——温盛湘革命生涯实录》，西安出版社2012年版，第27–29、33–37、40–41、64–69页。

③ 亚马：《温健公年谱》，载中国人民政治协商会议山西省委员会文史资料研究委员会编《山西文史资料》第69辑，1990年，第72–77页。

④ 亚马：《温健公年谱》，载中国人民政治协商会议山西省委员会文史资料研究委员会编《山西文史资料》第69辑，1990年，第77–78页。

1933年春，温健公被营救出狱，不久与宋维静结为伴侣。[①]（图4-40）

图4-40　温健公与宋维静合影[②]

1934年春，温健公转赴北京，开展革命文化活动。这是他事业上极其重要的一年，大量论述无产阶级的著作诞生于这一时期。他首先以《世界日报》为阵地，与报社同仁一起撰写、翻译文章，编辑副刊《社会科学》，介绍苏联新兴社会科学，分析国内外的形势。[③]随后，他与一些活跃的知识分子组织出版"骆驼丛书"（图4-41），发愿要做"时代的骆驼"，在中国学术的沙漠中留下脚印，将沙漠化为绿洲。为此，温健公专门翻译了《经济学教程》，编写了《现代哲学概论》，还组织翻译了《唯物史观世界史》等系列作品。此外，他还受邀在北平大学法学院、中国大学和朝阳大学讲授现代哲学与经济学课程，深受学生欢迎。由于积极参与革命理论的宣讲，温健公受到国民党反动派的排挤和敌视，被迫离开北京。[④]

① 中共广东省委党史研究委员会办公室、广东省中共党史人物研究会：《南粤英烈传》，广东人民出版社1983年版，第401-408页。

② 广州广播电视台新闻图片，经笔者处理。《建党百年 英雄广州——温健公：隐蔽战线的英雄》，广州广播电视台公众号2021年5月25日。

③ 邵挺军：《忆革命先烈温健公》，载中国人民政治协商会议山西省委员会文史资料研究委员会编《山西文史资料》第69辑，1990年，第58-65页

④ 亚马：《温健公年谱》，载中国人民政治协商会议山西省委员会文史资料研究委员会编《山西文史资料》第69辑，1990年，第79-84页。

駱駝叢書發刊旨趣

駱駝叢書是一群時代的駱駝在長途的跋涉中留下來的粗笨的脚印。沒有什麼體例，也沒有什麼範圍，同時，更沒有什麼大不了的野心。不過，因爲都同是駱駝，所以牠們的脚印，大概有一種相彷彿的模型。叢書中，有著作，有編纂，有翻譯；包含哲學，歷史，經濟，政治，社會，法律，文學，藝術，教育，美術，各色各樣的歷史科學，社會科學，甚至於各色各樣的自然科學。牠們跋涉於沙漠似的中國學術圈裏，唯一的『野心』——如果也可以說是『野心』——是想使牠們的脚印，清晰地明確地打上『時代的烙印』，把『沙漠』化爲『綠洲』。這，勉强說來，便是牠們的『體例』，牠們的『範圍』；同時，也就是牠們的『那種相彷彿的模型』。

牠們不斷的跋涉着，牠們不斷的留下牠們的脚印。因此，牠們沒有預先規定把牠們的脚印印在什麼地方，同時也沒有預先規定在什麼時候印，內容也許蕪雜，然而有一個共同的信條：不自欺欺人！牠們願意和一切時代的駱駝們共同作艱苦的跋涉！

图 4-41 “骆驼丛书”发刊词 ①

1935 年始，温健公由中共华北局直接领导，从事地下工作。离开北京后，他先是在山西讲学，被太原绥靖公署主任阎锡山聘为顾问。后又在周恩来的部署下，温健公夫妇与张有渔、邢西萍等人组成小组，潜伏在阎身边开展统战和情报工作。（图 4-42）次年，温健公转到天津法商学院任政治经济学教授，宋维静则继续留在“对阎工作小组”中。② 1936 年春夏，温健公受党组织的派遣，参与创办河北省民众教育

① 《骆驼丛书发刊旨趣》，载拉比托斯著《经济学教程》，温健公等译，骆驼丛书出版部 1934 年。

② 广州市荔湾区妇女联合会、广州市荔湾区地方志办、广州市荔湾区档案局编著：《西关名姝》，广东经济出版社 2013 年版，第 30–32 页。

实验学校，同时深入各县组织训练青年，后又被请回山西，到阎锡山开办的军官教导团任政治总教官。[②]

图 4-42　三口之家在山西时的合影[①]

1937 年七七事变后，温健公返回河北做统战工作，与保定专区保安司令张荫梧合作，组建河北抗日民军，大大促进了华北的抗日活动。为了培养基层骨干，抗日民军举办干部养成所，积极宣传共产党对于抗日民族统一战线的政策。[③]1938 年 12 月 26 日，温健公在吉县抗日前线工作时，不幸遭到日军飞机轰炸，壮烈牺牲，年仅 30 岁（图 4-43）。

图 4-43　宋维静 2001 年于广州离世，夫妇二人的骨灰盒上盖着党旗[④]

① 广州市荔湾区妇女联合会、广州市荔湾区地方志办、广州市荔湾区档案局编著：《西关名姝》，广东经济出版社 2013 年版，第 27 页。

② 中共广东省委党史研究委员会办公室、广东省中共党史人物研究会：《南粤英烈传》，广东人民出版社 1983 年版，第 401–408 页。

③ 亚马：《温健公年谱》，载中国人民政治协商会议山西省委员会文史资料研究委员会编《山西文史资料》第 69 辑，1990 年，第 87–96 页。

④《周总理掏 50 元给她装扮“上校”》，载《广州日报》2014 年 4 月 5 日。

2. 南武校友、抗日战争与秘密战线

温健公牺牲的同年，另一位南武校友何君侠加入了中共抗日先锋队，并在温健公度过少年时代的龙导尾，从事抗日救亡的隐蔽工作——“客厅里备有算盘，常‘嘀嗒、嘀嗒’地响，地下党同志来接头时，便说是客人来谈生意，因此隐蔽得很好”①。这是何君侠在若干年后，回忆在此开展秘密工作的一个片段。

何君侠（1913—1989 年），海珠区新滘镇石溪村人，毕业于广州私立南武中学。1931 年“九一八”事变后，他便投身抗日运动，曾参与河南精武会的抗日话剧宣传②、广东青年抗日先锋队以及抗战教育实践社，并在广州举办过两个抗日启蒙班。③ 1938 年，广州沦陷。当时绝大部分党员按照省委部署暂时撤出广州，由于留下的部分党员还尚未能在广州立足，党组织在广州的活动停滞了两三年。④ 此时的何君侠加入了中共抗日先锋队⑤，在广东多地从事抗日宣传、组织和游击工作。

1941 年前后，粤南省委、北江特委、东江纵队、珠江纵队等先后派遣党员赴广州活动。经过两三年的努力，他们逐渐在广州站稳脚跟，建立了一批交通站、联络站和秘密据点，发展了新的党员，并建立了外围组织。但由于来自不同的组织系统，他们往往各有各的任务，由各自的组织系统直接领导，除非特殊情况，相互之间不发生横向联

---

① 何君侠：《中共广州地下党斗争的片段回忆》，载中共广州市委党史研究室编《广州黎明前夜》，广州出版社 2004 年版，第 29 页。

② 何君侠：《敌后四年》，载中共广州市委党史资料征集研究委员会办公室编《沦陷时期广州人民的抗日斗争》，内部发行，1985 年，第 43 页。

③ 广州市人民政府文史研究馆编：《南粤人物》，花城出版社 2018 年版，第 260 页。

④ 王刚：《1945：潜伏羊城》，广州市国家保密局官网“广州红色保密故事”（http://www.qzbm.gov.cn/hsbmgs/content/post_217081.html）。

⑤ 黄广生：《石溪村——江边上的一颗明珠》，载中共广州市海珠区委党史研究室编《广州市海珠区改革开放纪实》，广州出版社 2017 年版，第 334 页。

系。[①] 何君侠返回广州后，便隶属北江特委系统，潜伏敌后。他在母校南武和其他几所学校担任教员[②]，接触学生和工人，发展了一个名为“游击队之友”的工人组织[③]，为抗日反攻积蓄力量。[④] 北江特委在广州开展活动较早，人数也相对较多，主要任务是为北江游击队服务。他们在广州建立了多个据点，曾在民族实业家梁培基的颐养院办过几期训练班，进行抗日宣传教育，并输送了一批进步青年到游击区参加斗争。[⑤]

1944 年夏，北江特委特派员王磊调往他处，由何君侠继任领导工作。[⑥] 当时他与妻子莫惠行在龙导尾开设了一家文具店，作为中共地下活动的联络点。[⑦] 1946 年 1 月，中共广州市委成立，时常在何君侠夫妇的住所——积善里 10 号（图 4-44）开会。对此，何君侠曾亲自撰文忆述：

1946 年元旦后，广州市委成立……我的家是市委开会活动的地方，地址在今河南龙导尾积善里 10 号，是一座具有独家小院的两层楼房，环境僻静，不惹人注意。我家世居河南，附近一带有我不少同宗和亲戚。家中母亲、妻子、孩子住在一起，邻里关系也很好。我以商人面目出现，佯称在港经营买卖……[⑧]

---

①⑤ 王刚：《1945：潜伏羊城》，广州市国家保密局官网，“广州红色保密故事”（http://www.qzbm.gov.cn/hsbmgs/content/post_217081.html）。

② 何君侠：《敌后四年》，载中共广州市委党史资料征集研究委员会办公室编《沦陷时期广州人民的抗日斗争党史资料选编》，内部发行，1985 年，第 42 页。

③④ 孔祥鸿主编、广东省总工会编著：《广东工人运动大事记：1840—1995 年》，广东人民出版社 1998 年版，第 137 页。

⑥ 中国人民政治协商会议广东省广州市委员会文史资料委员会编：《广州百年大事记》（下），内部发行，1984 年，第 543 页。

⑦ 黄广生：《石溪村——江边上的一颗明珠》，载中共广州市海珠区委党史研究室编《广州市海珠区改革开放纪实》，广州出版社 2017 年版，第 334 页。

⑧ 何君侠：《中共广州地下党斗争的片段回忆》，载中共广州市委党史研究室编《广州黎明前夜》，广州出版社 2004 年版，第 29 页。

图 4-44 积善里 10 号①

客厅算盘的响声，正是来自积善里 10 号。这篇忆述文章载于 2004 年中共广州市委党史研究室编写的《广州黎明前夜》一书。细读该书“出版说明”，可知其乃根据编写《中共广州地方史：新民主主义革命时期》时所采集的口述史料和征集的回忆文章编写而成。②这是一部由中共广州市委党史研究室编著的地方党史书籍，出版于 1995 年 5 月，何君侠在文中专门指出“我的家是市委开会活动的地方，今河南龙导尾积善里 10 号”。新中国成立以后，何君侠曾任广州河南洪德区工委书记、区长③，后历任市建委秘书长、市人民委员会办公厅主任、市政

① 摄于 2022 年 7 月 20 日。

② 中共广州市委党史研究室编著:《中共广州地方史：新民主主义革命时期》，广东人民出版社 1995 年版。

③ 当时洪德区包括凤凰东、凤凰西、洪德南、洪德北、南华西、岐聚、龙鹤七处。1949 年 10 月 14 日，广州刚解放，何君侠担任了广州洪德区军代表、洪德区政府区长，1950 年 7 月 1 日三区（洪德、海幢、蒙圣）合并后，何君侠为首任河南区区长。广州市海珠区地方志编纂委员会编:《广州市海珠区志》，广东人民出版社 2000 年版，第 19 页。

协副秘书长等职。1981 年 12 月，何君侠任市文史研究馆副馆长。1983 年 8 月，何君侠离休，1989 年 4 月与世长辞。①

3. "五渔船"起义与太古仓归化国有

解放战争后期，国民党节节败退，其自知大势已去，开始转移和盗窃国家财产，党和人民群众与之不懈地斗智斗勇，其中有一次中共领导的护产起义，意外地扭转了太古仓的政治属性。要讲清楚这次起义，首先需对当时省港澳的航路及相关组织的情况作些说明。

1948 至 1949 年，中国人民解放军先后解放了东北、华北多个重要港口，从香港到内地北方的水路运输线路被重新打通。香港海员工会积极组织大批骨干分子北上，到货船工作，这一方面缓解了解放区物资匮乏的状况，另一方面加强了党组织和香港各进步机构、组织、人事的联络、沟通与了解。随着解放战争进入最后决战阶段，不少船员迫切想要回到祖国，起义事件此起彼伏。其中，影响最广的一次，当属"招商局轮船起义"。

1949 年 5 月，上海解放。招商局上海总部宣布配合接管，但国民党当局仍多次部署要求船员及其家属"撤回"台湾。1949 年 4 月 13 日，招商局"中 102"登陆艇配合国民党伞兵三团在海上起义，拉开了招商局海员起义的序幕。1949 年 9 月 19 日晚上，上海轮船招商局"海辽"号不顾国民党政府的恐吓、阻挠，在南中国海上宣布起义（图 4-45）。

① 广州市文史研究馆编：《南粤人物》，花城出版社 2018 年版，第 260 页。

图 4-45　第二套人民币五分钱纸币上印有招商局起义“海辽”轮图案[①]

1950 年 1 月 15 日早晨，在中国共产党领导下，在党、政、军和工会等有关单位的策划下，香港招商局办公大楼和留在香港的 13 艘海轮举行了隆重的升旗仪式，十几面五星红旗同时升起。同年 10 月，13 艘起义海轮全部成功驶回广州[②]，引起了全世界的广泛关注，被列为 1950 年的世界十大新闻之一。[③]对新生的人民政权产生了巨大鼓舞和重要影响。

1949—1950 年间，先后有 17 艘招商局轮船参加起义，其中 15 艘成功返航归国，成为新中国成立初期一支重要的水上运输力量。[④]随之回归的 700 多名招商局船员，大多成为新中国航运事业的技术骨干。[⑤]

招商局的系列成功起义，极大地鼓舞了航运业界的革命士气。但与此同时，起义过程也并不顺利。从宣布起义到胜利归航的 10 个月

---

① 中央政府驻港联络办：《香港招商局起义》，中央人民政府驻香港特别行政区联络办公室网站 2021 年 7 月 15 日（http://www.locpg.gov.cn/jsdt/2021-07/15/c_1211240612.htm）。

② 招商局创立于 1872 年，初为官督商办，后被国民党收编，总部设在上海。解放战争后期，共产党地下组织早已与招商局上海总部建立联系。参见中国海员工会广东省委员会编《广东海员工人运动史》，广东人民出版社 1991 年版，第 237-238 页。

③ 中央政府驻港联络办：《香港招商局起义》，中央人民政府驻香港特别行政区联络办公室网站 2021 年 7 月 15 日（http://www.locpg.gov.cn/jsdt/2021-07/15/c_1211240612.htm）。

④ 17 艘轮船包括较早的“中 102”艇和“海辽”轮、与香港招商局一同起义的 13 艘轮船以及其后起义的“海玄”轮和“永灏”轮。除“海玄”轮在起义后被出售、“永灏”轮被英国劫夺外，其余 15 艘全部成功返航归国。

⑤ 胡政主编：《招商局画史：一家百年民族企业的私家相簿》，上海社会科学院出版社 2007 年版，第 168 页。

间，轮船船员与招商局多次遭遇国民党有关人士的威逼利诱和暴力滋扰。鲜为人知的是，就在同一时期的香港，还有一群同样英勇的起义船员和他们的五艘渔船，遭到了更为猖狂持久的干扰和进犯，致使他们的回家之路一波三折，满布荆棘，而这一事件的结果也彻底改写了龙凤街道太古仓的历史和命运。2022 年 7 月 20 日，课题组有幸访问了当时其中一位核心起义船员的后人，第一次听闻这段惊心动魄的“五渔船起义”故事。[①] 这个故事的前因后果，要从五艘渔船复杂的历史背景以及黄壮武的家世说起。

抗战胜利后，联合国善后救济总署和国民政府农林部联合成立了渔业善后物资管理处，简称“渔管处”，总部设在上海。1947 年 5 月，又在广州沙面复兴路设置广东分处。“渔管处”具有国营海洋捕鱼的性质，1948 年分配到广州的渔船陆续到位。[②] 由于这些渔船多是西方国家淘汰的老旧渔船，且“渔管处”各级经营管理混乱，渔业活动进展缓慢。1949 年春，联合国救济总署迁往香港，“渔管处”各分处被撤，生产终止。短短一年多里，所谓的“救济”和“善后”徒有其名，并没有真正起到扶持国民经济、协助中国复兴的作用。[③]

1949 年 5 月，上海解放，“渔管处”总署不复存在。但国民党不甘放弃船产，仍以伪行政院善后物资保管委员会的名义妄自“接管”，指令各渔船前往台湾高雄报到。原广州分处的船员和工作人员不愿配

---

① 本文关于“五渔船起义”的内容，除特别标注外，均系根据黄壮武的女儿黄小敏和黄小慧女士、原广州港集团河南作业区（即太古仓码头）党委书记黄剑明先生的访谈，三位受访者和作家、研究者马桂莹先生还无私提供了照片、口述记录等宝贵的资料，特此致谢！

② 当时分配给广州分局的有：美式单拖“太平星”号、“渔琼”号、“渔浦”号、澳式双拖“渔扬”号和“渔连”号，另有美式单拖改装的运输船“渔晋”号。参见广州市地方志编纂委员会编《广州市志》卷 8，广州出版社 1996 年版，第 404 页。

③ 程一岳（口述）、逊膺（整理）:《美帝把持下的“渔管总处”及“广东渔管分处”》，载李齐念主编《广州文史资料存稿选编》第 8 辑，中国文史出版社 2008 年版，第 414–420 页。

合，借口船体破漏、机器失修等，消极应对。6 月，原属渔管处广州分处的“渔琼”“渔浦”“渔扬”“渔连”“渔晋”五艘船，[①]以需要检修为名，开往香港筲箕湾太古船厂。当时随船赴港的，有一位名叫黄壮武（图 4-46、图 4-49）的年轻船员。

图 4-46　黄壮武像[②]

黄壮武，祖籍惠州府龙川县佗城[③]。祖父黄汝瀛（图 4-47、图 4-48），字仙舫，广东政法学院法律本科毕业，在京执业律师，曾两度当选民国众议院议员[④]，返粤后，任府内海丰[⑤]等县的地方法院院长。[⑥]黄壮武毕业于广东省立海事专科学校。该校 1945 年创建于汕头，次年迁至广州西村增埗。这所学校的创建，是由于抗战胜利后渔、航事业亟待恢复发展，急需大量相关专业人才。国民政府命广东省立高级水产职业学校原校长姚焕洲“出山”担任创校校长，因此，该校在创办初期便吸纳了一批因抗战未能顺利毕业的广东省立高级水产职业学校学生。[⑦]也正是基于这样的背景，该校成立后尤重校外的实践实习。黄壮武日后工作的“渔管处”，正是该校“新式渔船实习”科目的实习单位之一。[⑧]

① 根据记载，“渔晋”号应该为运输船。但一般称呼该事件中起义的五艘船为“五渔船”，本文沿用这一称呼，下同。

② 照片由黄小敏、黄小慧提供。

③ 现河源市龙川县。

④ 左藤三郎：《民国之精华》，北京写真通信社 1916 年版，第 260 页。

⑤ 现汕尾市海丰县。

⑥ 中国人民政治协商会议广东省海丰县委员会文史资料研究委员会编：《海丰文史》第 2 辑，1985 年，第 43 页。

⑦ 骆超平：《广东地方名人录》，广东新闻出版社 1948 年版，第 177–178 页。

⑧ 教育部教育年鉴编纂委员会编：《第二次中国教育年鉴 2》，商务印书馆 1942 年版，第 288 页。

图 4-47　黄汝瀛像[①]

图 4-48　黄家合影，中座长者为黄汝瀛[②]

图 4-49　黄家合影，前排左侧站立为少年黄壮武[③]

---

① 左藤三郎：《民国之精华》，北京写真通信社 1916 年版，第 260 页。

② 照片及说明由马桂莹提供，见马桂莹于公众号文章《国庆专刊：〈太古仓和黄壮武〉专辑序言》（https://mp.weixin.qq.com/s/cx2HArFt4CuzxlNiJTENHw）。

③ 照片中，戴眼镜的年轻人是黄壮武的三叔黄国俊，他毕业于广东高等师范学校，曾任龙川教育局局长。1926 年，当地名校龙川中学校内上演针砭时弊的话剧，县长陈逸川恼羞成怒，将无辜者 9 人拘捕入狱，黄国俊因曾在街头演讲悼念“五卅惨案”被迁怒，牵涉在内。此事后称为龙川“戏狱大冤案”，幸得各界有识之士奔走呼吁，声援发声，被捕人员全部释放，始作俑者陈逸川被撤职查办。黄国俊后担任广西宜川县县长，抗战时期回到家乡当校长，主持龙川中学大小事宜。抗战胜利后任广东省督学。参见黄义《早期国民党龙川县党部的建立及其部分活动》，载中共龙川县委党史研究室编《龙川党史》总第 24 期，2002 年，第 27 页；广东省档案馆编《民国时期广东省政府档案史料选编 5（第八、九届委员会会议录）》，广东省档案馆 1987 年，第 112 页；中共龙川县委党史办公室编《中共龙川党史大事记（新民主主义革命时期）》，1988 年，第 6-7 页。

无论是为顺应新形势而开办的广东省立海事专科学校，还是多年以来艰难维持的广东省立高级水产职业学校，从这两所学堂走出的青年学子，多抱有振兴中华的崇高理想。但到了诸如“渔管处”之类的工作单位，却往往是颇不得志。据亲历者回忆，后来参加起义的粤籍海员多毕业于这两所学堂，校友网络在联系船员、发动起义中起到了不小作用。① 例如，党组织的联系人钟麟② 和“渔琼”号起义船长方国华都毕业于广东省立高级水产职业学校③，核心起义船员黄壮武、李思适、张炳火则是广东省立海事专科学校的校友（图 4-50）④。

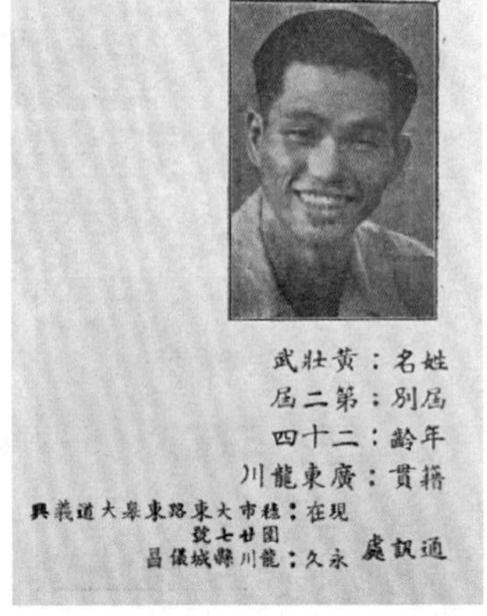

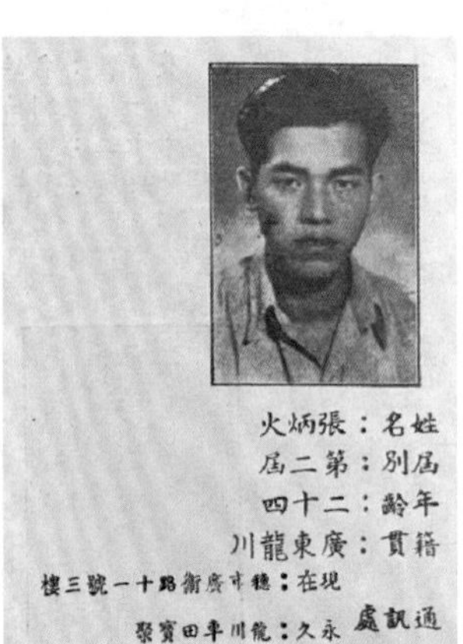

图 4-50　三位起义核心成员在同学录上的照片和个人资料⑤

① 方国华、黄壮武、李思适：《留港渔船护产起义时的钟麟先生》，载钟麟先生诞辰 88 周年暨家鱼人工系列成功 45 周年纪念活动组委会编《钟麟：家鱼人工繁殖之父》，内部刊物，2003 年，第 95 页。

② 钟麟，国际著名淡水养殖专家，曾任九三学社中央常委、珠江水产研究所原所长。1938 年毕业于广东省立高级水产职业学校，曾在多个水产机构工作，并参加地下党领导的革命工作。1948 年到“渔管处”广州分处，1949 年 4 月调回上海“渔管处”总部。钟麟受地下党同志委托，利用职务之便，摸清了“五渔船”情况。5 月，上海解放，“渔管处”不复存在，国民党仍妄想令渔船前往台湾报道。党组织认为时机已成熟，趁渔船赴港检修，委托钟麟在港开展思想宣传工作。

③《粤水通讯》创刊号，广东省立高级水产职业学校 1947 年，广东省立中山图书馆藏。

④⑤《广东省立海事专科学校渔光学会 1、2、3 届毕业同学录》，1948 年，广东省立中山图书馆藏。

1949 年 6 月，黄壮武结束实习，成为正式船员，跟随“渔琼”号来到香港。[①] 同年 7 月，经在港工作的钟麟介绍，黄壮武接触到香港地下党组织，加入香港工委领导的新民主主义经济工作者协会，开始进行思想宣传和保船护产的活动。[②] 在中共香港工委地下党员罗哲明[③]、黎裘[④] 的直接领导下，黄壮武与另外三位船员李思适[⑤]、赖清义和张炳火，以读书会的名义秘密谋划和安排保船护产活动，并积极发动思想进步的船长和船员参与读书会活动，最后他成功发动了五位船长和大多数船员，一同宣誓拥护新中国，保证“人不离船，船不离香港”，并伺机起义。

1950 年元旦，袁柳青[⑥] 以港九工会联会的名义，邀请骨干船员回广州观光，船员们目睹了广州解放后的新气象，并了解了党的相关政策，更加坚定了护产起义的信心。[⑦] 同年 3 月 29 日下午，国民党善后物资保管委员会驻港机构召集五艘渔船船长，声称渔船已交由某外商公司代管，并宣布次日就驾五艘渔船赴台。得知消息后，黄壮武立即上岸向香港地下党组织汇报。地下党组织负责人同意以黄壮武为代表的船员所提出的起义要求，并作出相应的安排部署。得到组织的首肯后，黄壮武返回“渔琼”，向各船长和船员传达指示，号召大家弃暗投

---

① 黄壮武（口述），黄小敏、黄小慧、马桂莹（整理）：《太古仓，我心中的自豪》，载《老人报》2017 年 7 月 26 日。

② 钟麟先生诞辰 88 周年暨家鱼人工系列成功 45 周年纪念活动组委会编：《钟麟：家鱼人工繁殖之父》，内部刊物，2003 年，第 20 页。黄壮武（口述），黄小敏、黄小慧、马桂莹（整理）：《太古仓，我心中的自豪》，载《老人报》2017 年 7 月 26 日。

③ 罗哲明，香港中共地下党员。

④ 黎裘，香港中共地下党员，香港《大公报》编辑。

⑤ 李思适，梅县人，原为广州地下学联的成员，与黄壮武也是同学。部分文史资料称其为“李舒适”，本文以 1948 年《广东省立海事专科学校渔光学会 1、2、3 届毕业同学录》的记载为准。

⑥ 袁柳青，香港中共地下党员，又名李明。

⑦ 钟麟先生诞辰 88 周年暨家鱼人工系列成功 45 周年纪念活动组委会编：《钟麟：家鱼人工繁殖之父》，内部刊物，2003 年，第 20 页。

明，实行起义。起义动员大会一直持续到30日凌晨，五位船长全部在起义电文上签字。黄壮武向各船派发了五星红旗，同时布置起义骨干，对仍然犹豫不决的船员继续做思想工作。

3月30日清晨六时，“渔琼”号船长方国华在船员们的簇拥下，首先升起了五星红旗，正式宣布起义。很快，湾泊于其他码头的“渔晋”“渔扬”“渔连”和“渔浦”四艘渔船，也陆续升起了五星红旗，加入起义。（图4-51）核心成员之一的李思适奔赴邮局，把满怀激情的起义电报发至中华人民共和国政务院总理周恩来。电报全文如下：

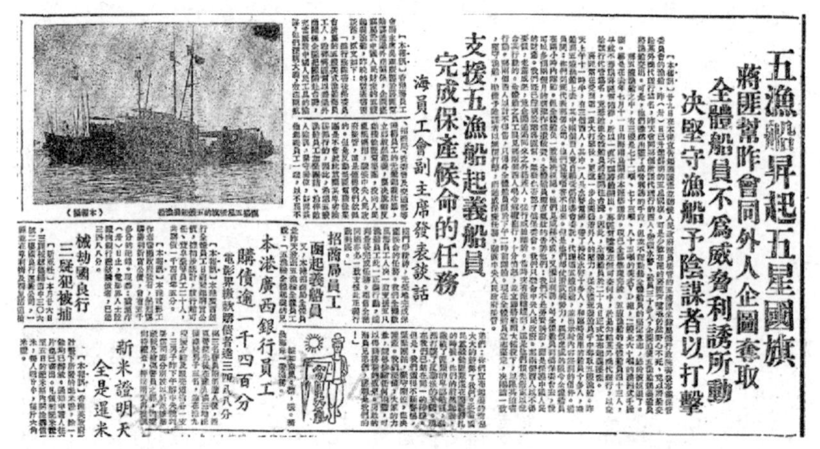

五漁船昇起五星國旗

將匪幫昨會同外人企圖奪取

全體船員不為威脅利誘所動

決堅守漁船予陰謀者以打擊

支援五漁船起義船員

完成保產候命的任務

海員工會副主席發表談話

招商局員工

函起義船員

本港廣西銀行員工

購債逾一千四百分

械劫嫁良行

三疑犯被捕

新米證明天

全是暹米

图4-51　1959年3月31日的《大公报》，对渔船起义、各方支援渔船等都作了报道①

我们五个（艘）渔船，原隶属于伪行政院善后事业保管委员会，现在留港修理已经完竣，国民党反动集团即借口由某公司代理代管，企图阴谋强迫（我们）开往台湾，充作屠杀人民的工具，我们员工以为这是人民的财产，应该归还我人民政府的怀抱，参加生产建设，一致坚决拒绝赴台，继两航（中国航空公司和中央航空公司）招商局及资产委员会等机构之后，正式宣布起义，脱离国民党反动集团，紧守岗位，坚决护产，听候我中央人民政府派员接管，并热切希望各界同

①《大公报》1959年3月31日，香港公共图书馆藏。

胞予以正义的支持，盖此声明。

4 月 1 日，上海市军管会主任陈毅等致函广东省人民政府，由该会接管“五渔船”，并委托广东省人民政府就近前往接收。随后，中南水产局局长周方和广东省水产局局长钟杰明亲赴香港，核实确认起义并部署护产工作。4 月 17 日，政务院总理周恩来签署回复电报（图 4-52）：

香港伪行政院善后事业保管委员会所属五渔船全体起义员工：三月三十一日电悉。你们此次在港宣布起义，脱离国民党匪帮的爱国举动，是值得嘉奖和欢迎的，望严守岗位，保护国家财产，听候派员接管。特复。周恩来，四月十七日。

“五渔船”起义事件引起了海峡两岸和香港各界的强烈反响。此前已经起义的新中国“两航”（中国航空公司和中央航空公司）驻港机构和香港招商局、各大劳工工会组织等，纷纷表示祝贺和慰问，不少社会名流也自发赠送食品和生活用品，以示支持。

周總理勉五漁船員工

脫離匪幫愛國舉動值得嘉獎和歡迎

盼嚴守崗位保護國家財產聽候接管

〔本報北京十八日專電〕偽行政院所屬五漁船員工在港宣布起義，致電周恩來總理特表慰勉，令全體起義員工堅守崗位，保護國家財產，聽候接管。周總理復電如下：

「香港偽行政院善後事業保管委員會所屬五漁船全體起義員工：三月三十一日電悉。你們此次在港宣布起義，脫離國民黨匪幫的愛國舉動，是值得嘉獎和歡迎的，望嚴守崗位，保護國家財產，聽候派員接管。特復。周恩來，四月十七日。」

五漁船昨舉行晚會

宣讀周總理的慰勉電報

〔本報訊〕五漁船起義員工昨（二十）晚八時在旺角避風塘漁船上舉行盛大晚會。香港摩托車總工會所率領的一羣青年工友和招商局鄧鎔輪全體船員，都前往參加，並慰問全體起義員工。晚會中，起義船員首先宣讀周總理慰勉電報，大家非常興奮主客講話的很多，一致表示堅決保護國家財產，聽候政府派員接收。他們並高唱「團結就是力量」。

向五漁船員工看齊！

海員應即參加軍運

支援大軍解放台灣

各工會代表向海員號召

五漁船員工昨開招待會

图 4-52 《周总理勉“五渔船”员工》，令船员和香港各界倍感鼓舞[①]

①《大公报》1950 年 4 月 19、20、21 日，香港公共图书馆藏。

获悉五艘渔船起义后，国民党驻港机构多次对起义渔船和船员进行骚扰，甚至胁迫。原国民党政府善后委员会渔管处香港办事处的代表安诺（美国人）和宋亨豫等人，于起义次日在“渔琼”号上与黄壮武谈判，试图利诱其放弃起义，遭到黄壮武严词拒绝。利诱不成，又对以黄壮武为首的核心起义成员发出通缉，同时继续威逼利诱，试图离间各船，还勾连外商及社会人士对船员进行施压和滋扰。为了巩固、保护起义的渔船和船员，广东省人民政府于 1950 年 6 月 7 日对五艘渔船的船长颁发了委任令，并给予必要的物资和资金支持。次日，在香港地下党组织的领导下，五艘渔船成立了由起义核心成员和各船船长组成的护产委员会，由方国华任主席，黄壮武任副主席。①

但国民党当局仍不善罢甘休。1950 年 6 月 12 日下午 1 时许，20 多名手持武器的黑衣暴徒袭击了停泊在九龙旺角避风塘的“渔晋”“渔浦”两艘渔船，并试图劫持渔船。起义船员奋力反抗，与之周旋，并举旗呼叫临近的“渔琼”协助报警。三个小时后，泊在深水埗的“渔扬”“渔连”号也遭到暴力袭击，暴徒手持武器，有备而来，船长王义美、陈国枢和一干起义船员被迫离船。得寸进尺的暴徒还扯下国旗、砍断锚绳，强行用拖船将两船拖至昂船洲海面。香港水警到场后竟阻止我方自卫反抗，任由“渔晋”“渔浦”“渔扬”“渔连”被劫，两名船长和四名船员亦被绑架。尽管当晚深夜获释，但香港警方却以渔船已办结关手续为由，任由国民党方将渔船驾驶出海，同时反诬“渔琼”船员报假案，扣留报案人黄壮武。三天后，在著名律师陈丕士的帮助下，黄壮武被保释。国民党方将四艘船中的三艘劫往台湾，仅“渔浦”一艘获港英法院颁布禁制令，船由水警追返扣留。（图 4-53）

① 中国航海学会：《中国航海史（现代航海史）》，人民交通出版社 1989 年版，第 482 页。

兩航爆炸案後又一暴行！

兩漁船昨被匪特刼走

船員多人受傷兩船長四船員被綁去

五漁船船員會函請香港英政府保護

堅決如前 鬥爭到底

護產會嚴正聲明

呼籲各界同胞予以正義支援

共起制裁反動匪特非法暴行

图 4-53 香港报纸对渔船被劫的报道，以及所刊登“护产声明”①

次日，五渔船产委会在香港《大公报》上发表声明，向社会各界披露事件经过，同时通过法律手段伸张正义。广东省人民政府水产局派员赴港，委托律师陈丕士和贝纳祺，代理有关渔船产权归属问题的法律诉讼。无奈的是，港英法院并不支持我方诉求。1951 年 3 月 15 日，法院宣告国民党暴力劫船无罪，我方败诉。时任广东省人民政府主席叶剑英发表声明，就港英当局庇护国民党暴力劫船行为的违法无理判决，表示强烈谴责与抗议，并声明港英当局应对此事及其后果负全部责任。

1952 年 6 月 13 日，被港英法院冻结的两艘在港渔船之一——“渔浦”突然被“解封”，随即被国民党方面拖走离港。起义至此两年有余，五艘渔船中只有“渔琼”一艘被封留港。有鉴于此，香港党组织与所聘律师商讨后，认为通过法律胜诉保留“渔琼”的机会微乎其微，特向中央请示是否将船上人员撤回广州。是年 9 月下旬，时任广东省

①《大公报》1950 年 6 月 13 日，香港公共图书馆藏。

水产局局长兼财产接收委员会军代表的钟杰明，向五渔船起义主要负责人黄壮武转达了外交部关于“不打斗，不纠缠，抗议后离船”的策略。广东省人民政府农林厅水产局任命黄壮武为“渔琼”号代理船长，继续留港同港英当局进行斗争。

1953 年 1 月 31 日，港英法院的法警警长奥路梯率八名水手登上“渔琼”号宣读法院判决书，驱逐我方留守人员。作为代理船长的黄壮武严正抗议，出示广东省人民政府委任令，声明该渔船为中华人民共和国国家财产，对方无权过问、不得侵犯①，并与船员徐正兴一起用身体护住锚链，但港英方面以武力逼迫，并扯下国旗、斩断锚链，将渔船暴力拖走。历经三年的护产斗争，宣告失败。在这一过程中，港英当局与国民党深度勾结，对暴力劫船的恶劣行径护过饰非，无视我方合理诉求。时任广东省人民政府主席叶剑英就五渔船被劫事件，再次对港英当局提出强硬抗议，并发表严正声明，指出港英当局的一系列行为是非法的、无理的，需负完全责任。②

次日，黄壮武回到广州，向政府和军委会代表汇报了这三年来的起义和护产斗争经过，受到高度赞扬。为了回击港英当局，时任广东省外事处兼广州市军管会外事处处长曹若茗提出拟征用英资在华老牌企业“怡和”或“太古”的全部财产，作为五艘被劫渔船的经济抵偿：“我们必须以牙还牙，不做亏本生意。”考虑到五渔船正是泊在太古船厂维修时被掠走，且太古作为英国老牌殖民企业，劣迹斑斑，早已为人民群众憎恶，黄壮武提议，征用太古洋行的物业财产具有更大的政治意义，获在场领导和同志赞同。

1953 年 2 月 24 日，中国人民解放军广州军事管制委员会发布命

① 黄壮武（口述），黄小敏、黄小慧、马桂莹（整理）:《太古仓，我心中的自豪》，载《老人报》2017 年 7 月 26 日。

② 当代中国研究所编:《中华人民共和国史编年（1951 年卷）》，当代中国出版社 2007 年版，第 250 页。

令，宣布将征用英资广州太古轮船股份有限公司在广州河南的码头仓库，以及西堤大马路 16 号太古办公楼的全部财产，一律收归国有。根据命令，当天上午十时，曹若茗召见了广州太古轮船股份有限公司有关负责人，向其宣告有关命令。随后，广州军事管制委员会代表沙夫等人赴太古仓执行命令，受到码头仓库员工和搬运工人的热烈欢迎。历经了半个世纪风雨沧桑的太古仓，终于转化为新中国建设的一份子，并在改革开放后，为经济发展立下汗马功劳。

1983 年 5 月 13 日，农牧渔业部再次肯定“这个起义行动是爱国的、革命的、光荣的”，并于广州举行大会，进行隆重表彰，农牧渔业部副部长肖鹏向当年起义人员及已故起义人员家属颁发了“起义人员证明书”（图 4-54、图 4-55），再次感谢他们在新中国成立初期作出的伟大贡献。[①] 当年的起义人员，有很多在后来成长为组织干部或专家骨干，在各自岗位上默默耕耘、奉献。五艘渔船的被劫尽管带来了相当大的经济损失，但起义勇士们为新生中国带来的精神鼓舞，以及由此引发百年“太古仓”的建设改造，无疑具有更为深远的时代意义和历史价值。

起义人员证明书

农渔字8310号

黄壮武 同志：在原国民党行政院善后物资保管委员会渔管处广东分处"渔琼"号渔船任职，于一九五〇年三月二十九日在香港起义。这个起义行动是爱国的、革命的、光荣的。特颁发证明书。

农牧渔业部

图 4-54　黄壮武的起义证书 [②]

① 新华社：《农牧渔业部给原国民党“渔琼”号等五艘渔轮的起义人员颁发起义证书》，新华社新闻稿 1983 年，刊号第 4888 期。

② 黄小敏、黄小慧提供。

对外经济贸易部在穗召开大会

向原国民党驻香港贸易机构起义人员颁发证书

本报讯 昨天上午，对外经济贸易部在广州召开大会，向原国民党驻香港贸易机构起义人员颁发起义证书。对外经济贸易部第一副部长郑拓彬，向来自广东、湖南等地的三十位起义人员或已故起义人员的家属分别颁发了起义证书。

一九四九年，在人民解放战争节节胜利的形势鼓舞下，原国民党资源委员会驻香港贸易处及国外贸易事务所、中国植物油料厂（包括所属船务部）、中央信托局易货处、中国石油公司驻香港代表处、中国纺织公司香港办事处五个机构的职工，坚持爱国立场，为了不让国民党当局把这些机构劫持到台湾去，在中国共产党的领导下，进行了摆脱国民党当局控制的斗争，在全国大陆解放后毅然宣布起义。又经过将近一年的斗争，把这些机构所拥有的财产，全部运回内地。对这一爱国、革命的行动，当时，毛主席、周总理都曾特地发电报对他们表示嘉勉。

三十多年来，这批起义归来的同志在党的领导下，在不同的岗位上为社会主义事业贡献了自己的力量。他们中间有的人担任了全国政协委员，有的被选为地方的人民代表，有的担任了司局级领导职务，有的成了工程师、副教授，有的多次被评为积极分子，有不少人还光荣地加入了中国共产党。

中共对外经济贸易部机关党委书记赵重德主持了会议。

广东省副省长梁威林出席了大会并讲了话。

原国民党行政院经济部长兼资源委员会主任委员、现任民革中央副主席、全国政协常委孙越崎向大会发来了贺电。

原起义人员杨浩然、张日安同志代表到会的起义人员在会上发了言。

图 4-55 黄壮武后人珍藏的有关颁发起义证书事宜的剪报①

① 黄壮武后人黄小敏、黄小慧提供，特此致谢！

第五章　结语

行文至此，我们似意犹未尽，仍想在悠长精彩的历史画卷中继续遨游。事实上，这篇报告也正是我们对于近河区域展开系统研究的一个郑重开端。因此，与其说它是一个街道的历史梳理，不如说是河南西北部一个多世纪繁华面貌的局部呈现。繁华的高峰始于乾隆年间的“一口通商”，自此，广州十三行成为中国与全世界贸易的主要交易场所，拥有通往欧洲、拉丁美洲、南亚、东北亚和大洋洲的环球贸易航线，漱珠涌的运河优势及其与十三行之间便捷的方位关系，吸引潘、伍两大行商巨族前来修园筑庐，带动了大批嗅到财富机会的人们带领宗族迁来开基，投身海上贸易。

鸦片战争以后，广州不再具有一口通商的特殊地位，这一区域的繁华程度亦随之式微，但“富者多居之”的格局仍在延续，大半个世纪的财富韬养也使得世居于此的洋务子弟具有多样、优良的受教育机会和中西融汇的国际视野，于是他们多以主动投身变革的姿态迎接晚清大变局的骤然到来，在电闪雷鸣、风雨飘摇的晚清时期，密集谱写了无数惊心动魄的救国传奇。辛亥革命以后，由于军阀李福林势力的影响，河南相对和平、安宁，近河一带的富庶得以延续，旧有的世家大族与各路新贵在此交织共生，繁华一度再现。龙凤历史起承转合，其实无不呼应着近河中心乃至整个广州城的历史走向，也无不牵动着

中国与世界关系的瞬息万变。

这是近代中国全球化发生最早、程度最高的区域之一，面对她的丰富、糅杂与激变，我们深感单一学科的知识结构难以完全揽括，于是精心选择了具备人类学、社会学、历史学以及文化遗产等多个学科背景的研究者加入进来。此外，我们没有选择传统志书结论式的罗列叙述，而是选择了一种更为开放的，近似民族志深描（thick description）的写法——尽可能地调动所有感官，带领读者进入时间另一端，体味当时人们的烟火日常与喜怒哀乐，理解他们如何在重大历史关口平衡各方利益，形成价值取向并重构世界图景，从中勾勒一个个不同时代的集体命运和历史轨迹，以及他们如何在今天人们的生活里产生持续回响。

从文化遗产的角度来说，历史之于当代生活的回响如何，很大程度上取决于我们重新讲述和呈现历史的具体方式，尤其是面对普通居民的文化活动和一般公众的文旅设计。对此，我们非常赞同历史人类学者刘志伟教授的观点：

> ……青砖屋、蚝壳墙、锅耳祠堂、老巷都尽可能留下来了……这些当然都是“传统”，不过这些都是读书人观念（或想象）中的岭南（现在还弄了一个时髦的词叫“广府”）文化传统，甚至是读书人想象的“中国文化”“乡土文化”“传统文化”，并非扎根本地脉络的传统，即使一些本地的事物，如“广东音乐”“姜撞奶”，由于抽离了本地的生活场景、生活经验和历史语境，也变成一种没有传统的“传统文化”符号。这样一种保存和展示、体验方式，使得保存下来的乡村，从整体格局、空间和景观，到具体的内容和特性，都失去了本地传统乡村的灵魂和特质。……在当前传统乡村保护与再现中，各地的“古村”“古镇”都存在这种趋于同质化，令乡村失去本身特有的性格与魅力的通病。①

① 刘志伟：《传统乡村应守护什么“传统”》，载刘志伟《溪畔灯微——社会经济史研究杂谈》，北京师范大学出版社 2020 年版，第 238-239 页。

要避免诸如此类的通病，就需“尊重与珍惜真正属于本地的历史。只有通过这些能够把历史文化的本相整体性地表达出来的景点和统筹安排，才能够讲述好一个本地的‘故事’”。① 因此我们在宏观上反复强调龙凤街道的历史过往，与河南近河中心、十三行以及南中国海上贸易的整体脉络不可分割，在细节的呈现上更为审慎，不仅展现史料本身及其来源，也分享研究本身的过程与推断，以防未来发现错漏，方便倒查出现问题的具体环节，也希冀未来有志于钻研龙凤历史的同道中人，能从我们走过的路上获知尽可能多的线索与痕迹，毕竟课题有结项之时，然研究探索则永无终结之日。

① 刘志伟：《传统乡村应守护什么“传统”》，载刘志伟《溪畔灯微——社会经济史研究杂谈》，北京师范大学出版社 2020 年版，第 239 页。

编后记

自 1993 年来到中山大学读书，我一直在海珠区学习、工作和生活，如今已经度过了三十一个春秋。原是北方人的我，也成了地地道道的新广州人，甚至可以称得上是“老海珠”了。这并不仅仅是因为居住时间的累积，更是因为海珠历史文化底蕴至为深厚的几个街道——南洲、海幢、华洲以及龙凤，都是我曾经奋斗和正在履职的地方。

2019 年 2 月，我从华洲调来龙凤，无数纵横交错的“龙”字老巷和一座座沧桑美丽的古老建筑时常让我神游于现实之外——“花香如雾酒如潮，近水高楼月可招。买醉击鲜来往熟，一篙撑过漱珠涌”。我偶尔从街道繁忙的工作中抽出片刻，读读这些诗句，想象每天走过的老街旧巷在百余年前的烟火繁华，似乎是最好的休息。可能是人类学本科教育潜移默化的影响使然，每到一个街道工作，我都有了解当地历史文化的习惯。

渐渐地，我发现龙凤一带的很多史迹与海上贸易、近代革命密切相关，隐隐感到其中不仅可能保存着海珠或广州的某些重要历史，而且很可能蕴藏着近代中国早期转型的某些结构性线索。陈寅恪先生曾言：“所谓真了解者，必神游冥想，与立说之古人，处于同一境界……而无隔阂肤廓之论”，如此方能藉史料的“残余片断以窥测其全部结构”。陈先生曾经的居所与人类学系所在马丁堂近在咫尺，我在学生时代经常路过。如今再想这番话，其实与人类学所教诲的同理他者，可谓异曲同工。可惜我没有专门的时间与精力来做“真了解”的工作，所以非常希望能够找到合适的学者来担此重任，与街道共同完成一部化理论涵养于无形的大众读物。我知道自己可能要求有些高，因此也有些忐忑，怕事情做不好。马丁堂的微风犹在耳畔，于是我拨通了就读本科时的班主任张应强教授的电话，并请他推荐人选。

很快，张老师向我推荐了自己团队的博士后武洹宇。与武老师相见是一个午后，她还向我介绍了一位经常与她一起“扫街走村”的好友刘芮。那天聊得轻松愉快，我感到她们不仅对这一带历史非常熟悉，而且似乎有着超乎寻常的浓厚兴趣。后来我才知道，她们因为研究黄花岗起义的缘故，很早便追踪到当时起义最隐秘的一处据点，也是清末广州革命党人高度活跃的区域——龙凤一带。为什么这里会成为风云际会中心之所在？她们的研究与我的工作直觉不谋而合，调研很快全面铺开。在街道不遗余力的支持下，有着深厚的研究基础的她们更是得心应手，最终呈现给大家这本《龙凤寻史：从广州发现世界》。

与常见的地方志书不同，这是一本带有历史民族志色彩的有趣读物。读者跟着两位作者走街串巷、深入民间、抽丝剥茧，在如同探案般的乐趣中一步步走近龙凤丰盈辉煌的精彩过往和跃动其中的各色心灵，从中窥见近代中国的南方羽翼如何在古老中国与海上世界的交汇处丰满成型，展翅欲飞。感恩母校的蔡禾教授、张应强教授和古南永教授为本书悉心把关，陈永正教授亲题书名，朱健刚教授、古南永教授和江冰教授倾情作序。愿此书让城市留住记忆，让人们记住乡愁，让民族不忘来路。

郭德贵

2024 年 3 月 11 日